Раскіданае гняздо - Тутэйшыя
Scattered Nest – The Locals

Янка Купала
Yanka Kupala

Раскіданае гняздо/Тутэйшыя
Copyright © JiaHu Books 2013
First Published in Great Britain in 2013 by Jiahu Books – part of Richardson-Prachai Solutions Ltd, 34 Egerton Gate, Milton Keynes, MK5 7HH
ISBN: 978-1-909669-90-1
Conditions of sale
All rights reserved. You must not circulate this book in any other binding or cover and you must impose the same condition on any acquirer.
A CIP catalogue record for this book is available from the British Library
Visit us at: jiahubooks.co.uk

РАСКІДАНАЕ ГНЯЗДО   5

ТУТЭЙШЫЯ   63

РАСКІДАНАЕ ГНЯЗДО
Драма ў пяці актах

АСОБЫ

Л я в о н   З я б л і к, пажылы гаспадар, кульгавы, гадоў пад 50.
М а р ы л я, яго жонка, нараклівая, замучаная жыццём, худая кабеціна, гадоў 48.

Дзеці Зябліка.
С ы м о н, 24 г.
З о с ь к а, 18 г.
Д а н і л к а, 14 г.
А л е н к а, 8 г.
Ю р к а, 7 г.

С т а р а ц, гадоў пад 70.
П а н і ч, гадоў 23.
Н е з н а ё м ы, гадоў 35.
Д в о е   д в о р н ы х   л ю д з е й.

Рэч дзеецца ў 1905 г. Першы акт у хаце Зяблікаў, а рэшта чатыры — на руіне той жа самай хаты.

АКТ ПЕРШЫ

Час каля Купалля. Поўдня. Хата Зябліка. Марыля — хворая: то сядзіць, то ляжыць на ложку. Данілка на зямлі скрыпку майструе. Старац сівы, як голуб, абчэплены торбамі і з кіем у руках сядзіць на лаве.

З'ява I

М а р ы л я,   Д а н і л к а,   С т а р а ц.

С т а р а ц. Так, так, пані гаспадыня! Заўсёды бяда бяду вядзе, але ніколі не трэба здавацца. Ліха перамелецца, і ўсё добра будзе. Калісь і мяне ціскалі няшчасці з усіх бакоў, а цяпер... Э! Што казаць? — Жыву сабе і гора ніякага не знаю. Торбачкі за плечы, кій сукаваты ў рукі і хаджу сабе, як ні ў чым не бывала, па дарожках-пуцявінках. Так, так, пані гаспадыня!

М а р ы л я (гаворыць з трудом). Гэта ж толькі падумаць, дзедка. Мала ўсялякага безгалоўя, а тут на табе, яшчэ гэта хвароба. Лета не за гарою, скора касьба пачнецца, жніво, работы гібель, а ты ляжы тут прыкаванай да ложка, як пакутніца якая. Лепей хай бы ўжо смертачка прыйшла на маю галаву няшчасную, дык хаця б хаты не завальвала. Не так я вясну спатыкала і праводзіла, як мне сёлета прыйшлося, ох, не так, як і сам знаеш! (Кашляе.) А гэты суд у майго з дваром... То ж не давядзі ты, Божанька. Гаспадарку ўсю змарнавалі, да няма нічога дайшлі, і сягоння ўжо не ведаеш чалавек, дзе заўтра сонейка прыйдзецца сустрэнуць. Ох, Божа ты наш справядлівы, за якія грахі цяжкія караеш ты нашу сямейку! Ах, як жа цяжанька! Падай мне вады, Данілка. (Данілка падае.)

Д а н і л к а. Праўду мамка кажа. Страшэнна нягодна жыць на свеце. Вось хоць бы і мне такая бяда зрабілася: скрыпку старую, што была ў мяне раней, татка са злосці паламаў, а цяпер і рабі што хочаш. Пакуль жа я новую такую змайструю... Ну, але затое калі і зраблю, дык вот жа зайграю — цэлы свет дзіву дасца!

С т а р а ц. А дзе ж гаспадар ваш, пані гаспадыня?

Д а н і л к а. Тата пайшоў у двор прасіцца, каб яшчэ трохі пачакалі і не выкідалі нас адгэтуль.

М а р ы л я. Так, так. Сягоння сышоў час наш выехаць, а мой нічога яшчэ сабе не прыстараўся.

С т а р а ц. Дрэнна, вельмі дрэнна, калі так выходзіць. Свайго не меўшы, — трэба легчы спаць не еўшы.

Д а н і л к а. Вось табе дык добра, дзедка: з адной хаты выкінуць, дык у другую пойдзеш.

М а р ы л я. Усё ж да апошняга часу думалі, што за намі зямлю прызнаюць, тым часам наадварот выйшла.

С т а р а ц. Так, так, пані гаспадыня. Чалавек страляе, а чорт кулю носіць.

М а р ы л я. Мой жа чалавек — каб вы, дзедка, бачылі: за апошні час як набраў сабе нечага ў галаву, дык проста з розуму сыходзіць. Учарнеў, асунуўся, азыз, толькі таўпехаецца з кута ў кут, як сам не свой. Баюся, дзедка, вельмі баюся, каб з ім, барані божа, чаго благога не сталася.

З'ява II

Тыя ж і С ы м о н.

С ы м о н (уваходзіць з тапаром і кладзе яго за лаву). Ці тата яшчэ не вярнуўся?
М а р ы л я і Д а н і л к а. Не, нямашака яшчэ.
С ы м о н. А дзедка ўсё госціць у нас!
С т а р а ц. Але, сынку мой. З мамкай тваёй загаварыліся аб справах вашых хатніх. Як уважаю, то не лёганькі будзеце мець сёлетні гадок.
С ы м о н. Э! Нічога, дзядочак. Пакуль будзе хоць якая малая магчымасць, то не дадзімся жыўцом ваўку ў зубы. Паглядзіш!
С т а р а ц. Смела, сынку мой, варожыш. Можа, і не дасіся ваўку ў зубы, але жыццё бярэ ў свае лапы, ох, як бярэ! Не такія яшчэ дужыя і смелыя здаюцца на яго ласку і няласку. Так, так, сынку мой! Адвага наша — адно, а жыццё — другое, і найбольш верх бярэ гэта апошняе.
С ы м о н. А мы з татам не папусцімся, дык што ж з намі гэта жыццё зробіць?
С т а р а ц. Тата ўжо нядуж твой.
С ы м о н. Ну, то ў мяне сілы хопіць — за яго, за сябе, за ўсіх нас.
С т а р а ц. Дай Божа, дай Божа, каб табе гэтай сілачкі ставала да канца жыцця. Бяда толькі, што сіла людская не заўсёды на дабро ідзе.
С ы м о н. Я і не думаю з сваёй сілай у цемнякі ці разбойнікі пайсці.
С т а р а ц. Не кажу табе гэтага, сынку мой, але моладасць сваё права мае. Я сам быў маладым!
М а р ы л я. Нічога яму, дзедка, не ўгаворыш. Не такой падатлівай натуры ён у мяне ўдаўся. Хоць галавой наложыць, а свайго мусіць дапяць.
Д а н і л к а. Сымонка, ты па мне пайшоў: і я хоць галавой налажу, а скрыпачку такі зраблю сабе новую!
С ы м о н. Які я ўжо ўдаўся, такі і буду, а свайго ў крыўду не папушчу, хоць бы там свет дагары нагамі перакуліўся. Бяда — часу няма болей гаварыць аб гэтым. Пайду, можа, тату сустрэну. Карціць мне даведацца, што там яму ў двары сказалі.

З'ява III

М а р ы л я , Д а н і л к а , С т а р а ц .

С т а р а ц . Ох, маці, маці! Высака твой сынок падымацца хоча, але каб нізка часам не зваліўся.
М а р ы л я . Цяжанька мне з ім якую радачку даць. Змалку дзён такі: як только нарадзіўся, дык і то сябе паказаў — грудзей не прыняў, так, без малака, качаўся. Я тады ў двор за мамку засталася.
С т а р а ц . Гартаўнейшы і выйшаў ён затое. А ў дварэ, кажуць, перамены цяпер вялікія пайшлі.
М а р ы л я . Але, дзедка, — перамены. Як вярнуўся малады паніч недзе з далёкага краю, з навук, дык усё пайшло ўверх дном — усіх чыншавікоў сталі чысціць. Не чакае, пакуль суды пакончацца, а наперад за ўсіх заставы кладзе і высяляе; з намі таксама выйшла.
С т а р а ц . Ведаю, ведаю, пані гаспадыня! Старыя парадкі раскідаюць па свеце, а новых, лепшых, нешта не відаць і не відаць.
Д а н і л к а . Як уважаю, то, мусіць, только я адзін новым парадкам на сваёй новай скрыпцы зайграю.

З'ява IV

Тыя ж і З о с ь к а .

З о с ь к а (уваходзіць з кветкамі ў руках). А-а! Дзядочак к нам на госці прыплёўся.
С т а р а ц . Так, так, мая дачушка! Прыплёўся Божым словам вас пахваліць; зараз далей паплятуся з тым самым.
З о с ь к а (падсядаючы к Старцу). Добра, што я дзедку тут застала, — маю просьбу да цябе.
С т а р а ц . Слухаю, мая дачушка, слухаю. Хэ-хэ-хэ! Думаў, што я только ўсё мушу прасіць, ажно, як бачу, то і ў мяне прасіць нечага хочуць. Хэ-хэ-хэ! Яшчэ распанею з гэткага гонару.
З о с ь к а . Дзедка заўсёды жартуе з мяне, а я только буду прасіць таго, чаго ўсе людзі цябе вечна просяць.
Д а н і л к а . Ну, значыць, прапала дзедава панства!
З о с ь к а . На, вось табе, дзедачка, кветак трошкі, а ты памаліся... за здаровейка...

Старац. За чыё, мая дачушка: за татава, матчына, а можа?..
Зоська (нахіляючыся да Старца, каб маці і Данілка не чулі). Памаліся, дзедка, за здароўе нашага паніча.
Старац. Добра, дзетачка! Я за ўсіх малюся, за каго толькі просяць — і за жывых, і за нябожчыкаў. Толькі вось, што я з тваімі гэтымі кветкамі рабіць буду?
Зоська. Як будзеш, дзедка, у цэркаўцы, дык на абразок іх павесь.
Данілка. Або к сваёй торбачцы прышпілі, каб харашэй выглядала.
Старац. Праўда, сынку мой. Як прыгажэй будзе выглядаць, то, можа, і кідаць болей будуць.
Зоська. Абы толькі не каменнем, дзедка.
Старац. Хэ-хэ-хэ! Усяк бывае, дзеткі мае, усяк! Хто хлебам, хто каменнем, а кожны нечым ды кіне. (Збіраецца выходзіць.)
Марыля. Ужо дзедка выходзіць ад нас?
Старац. Ужо, пані гаспадыня, ужо! Не сядзіцца мне доўга на адным месцы. І так па капельцы ўсюды гора назбіраеш чалавечага, ажно несці цяжанька, а што ж бы было, каб даўжэй заседжваўся ў адной хаце? Хэ-хэ-хэ! Шчасліва аставацца! Слава Хрысту!
Усе. Слава! Слава! І на векі вякоў.

З'ява V

Марыля, Зоська, Данілка.

Зоська (садзячыся каля маткі на ложку). Мамачка, бачыце, якія прыгожанькія кветачкі?
Марыля. Бачу, бачу, хоць як праз сетку: туман нейкі ў вачах стаіць. Але дзе ты гэта лётаеш? Упыну на цябе нямашака ніякага.
Зоська. Не сядзіцца мне, мамачка, у хаце: тут неяк так душна, дык я ўзяла і пабегла на сенажаць. Там хадзіла сабе каля рэчкі і кветачкі для цябе вось гэтыя рвала; ты ж іх калісь, як здарова была, так любіла!.. Ах, мамачка, як цяпер хораша на сенажаці! Травіца зеляенецца, кветачкі цвітуць, ой, як прыгожа цвітуць! А вольхі над рэчкай так лісточкамі шалясцяць, так шапацяць, як быццам штосьці дужа цікавае хочуць табе расказаць! Мамка, мамка! Ты, здаецца, заснула? Ці чуеш, што я

табе кажу?

М а р ы л я . Чую, міленькая, чую, хоць у вушах шуміць, як у млыне якім.

З о с ь к а . Сонейка яснае свеціць і грэе, ах, як сонейка грэе і свеціць! А птушачкі пяюць, аж заліваюцца! Так цёпла, так прыгожа на свеце! Мамка, а як табе?

М а р ы л я . Мне, дзеткі, халодна і жудка.

З о с ь к а . Не гаварыце так, мамка, а то і мне робіцца халодна і жудка ад тваіх слоў... Ага! Нарвала, значыцца, я табе кветачак, падышла к рэчцы, нагнулася і гляджуся ў вадзіцу, як у люстэрку якраз, я другая там адсвечваюся. Заглядзелася гэтак, аж нехта хапель мяне ў пояс! Я ў крык, вырывацца, гляджу, — аж гэта паніч з двара. І так стаў абымаць мяне і цалаваць! Я стузянулася раз, другі і вырвалася. Але які ён прыгожанькі, каб мамка бачыла!

М а р ы л я . Ведама, паніч! (Убок.) Сваімі грудзьмі, што і яе, выкарміла, а ён... (Да Зоські.) Не займайся вельмі з ім, дачушка.

З о с ь к а . Я ж нічога, мамачка. (Паўза.) Ах, каб ведала, мамка, які я сон сягоння сніла?! Хочаш, дык я раскажу.

Д а н і л к а . Раскажы, Зоська, раскажы! Бо і я ж люблю вельмі сны сніць. Толькі пачакай — я малых паклічу, хай і яны паслухаюць.

Выходзіць і цераз хвіліну варочаецца з Аленкай і Юркам.

З'ява VI

Тыя ж і **А л е н к а з Ю р к а м .**

Д а н і л к а (да Аленкі і Юркі). Ну, садзіцеся, малыя! Толькі ціха будзьце! Зоська сон будзе расказваць.

Аленка і Юрка садзяцца на зямлі каля матчынага ложка.

Ну, пачынай, Зоська! Мы гатовы!

З о с ь к а . Здаецца, прыйшоў да нас у хату нехта такі незвычайны — на галаве месяц, у руцэ сонца трымае; прыйшоў ён і кажа: «Годзе вам тут сядзець, годзе гібець, хадзіце за мной!» Мы спачатку, здаецца, перапужаліся, а пасля нічога. Ён так добра на нас паглядзеў, аж быццам у вачах яго слёзы засвяціліся. Сабраліся мы ўсе — ты, тата, я, Сымон, Данілка і малыя — ды пайшлі гэтак за ім, кінуўшы і хату, і гаспадарку ўсю сваю. Як

толькі мы выйшлі — ён і кажа: «Што б там перад вамі ці за вамі ні рабілася — не аглядайцеся назад, а ідзіце за мной усё наперад, усё наперад!» Ішлі мы гэтак, ішлі, ажно бачым — нейкае кругом нас страшэннае балота: гадзіны, вужакі, сліўні так і капашаць, як у гаршку якім...
Д а н і л к а. Ай-я-я! Вужакі і сліўні?
З о с ь к а. Але нас крануць баяцца: ён усё іх сонцам адстрашвае,— толькі сыкаюць і выкручваюцца. Мінулі мы гэта балота вужачае, ідзём, — ажно ўвайшлі мы ў цёмны-цямнюсенькі, дзікі лес. Вецер у галінах трашчыць і свішча, звяр'ё ўсялякае вые, зубамі ляскоча, на нас кідаецца...
Д а н і л к а. Божухна! Звяр'ё ўсялякае! Вось жудасць! Я, мусіць, памёр бы там са страху.
З о с ь к а. Але крануць не смеюць — ён і іх, як вужак, усё сонцам адганяе. Перайшлі мы гэты звярыны лес, ідзём — ажно ўсходзім на вялікае-вялікае поле пясчанае — віхор толькі арэ ды баранує, ды толькі дзе-нідзе на полі гэтым тырчаць пасохшыя вольхі, вербы, асіны. Па гэтым дзярэўі — з аднаго на другое — пералятаюць птушкі нейкія чорныя, такія страшныя, — жудасна і сказаць! Да нас падлятаюць, распускаюць кіпцюры, раззяўляюць глюгі, — здаецца, раздзерці і глынуць нас хочуць.
Д а н і л к а. Ах, як страшна! Балазе што хоць мяне не глынулі.
З о с ь к а. Але нічога: яго — нашага павадыра — і сонца баяцца. Мінулі гэта поле птушынае, ідзём. Нарэшце затрымаліся ў тым месцы, дзе вясёлка спускалася. Тут ён ізноў так кажа: «Ідзіце за мной следам па гэтай шматкалёрнай дарожцы!» Мы ўздзівіліся, але што ты зробіш? — пайшлі. І падымаемся штораз вышэй, вышэй, мінулі хмары, воблакі, аж да самых зорак забраліся, а там, па млечнай пуціне, з зоркі на зорку пераскакваючы, цягнемся далей; а зоркі хоць свецяцца, але не пякуцца: як па кветачках гэтых, ступаем па іх...
Д а н і л к а. А ў ногі не калоліся гэныя зоркі?
З о с ь к а. І прыйшлі мы ў нейкую харошую краіну, якой я ў жыцці не бачыла, не чула і не сніла. Зіхацістыя кветкі скрозь рассыпаны, як тыя зоркі, што мы ішлі па іх: сады нейкія нянаскія так цвітуць, так цвітуць, куды прыгажэй, як нашы вішні ды яблыні! На гэтых садах калышуцца птушкі райскія — пер'е іх, як брыльянтамі ўсыпана і дыяментамі; а пяюць яны — мільён салавейкаў нашых так не патрапіць... У садах па далінках рэчкі бягуць, а вадзіца так пераліваецца, як бы сонца ў тых шкелках,

11

што мы бачылі пры ліхтарах у цэркаўцы!.. Ідзём гэтым садамраем ды ідзём, ажно калі паглядзім!.. Стаіць палац відам не віданы, слыхам не слыханы; увесь зіхаціць, як бы з самага сонца быў зроблены: сцены залатыя-залатыя, а страха бліскучымі маланкамі пакрыта. Увайшлі мы ў гэты палац, азіраемся навокал, і што ж? — На самым пачэсным месцы сядзіць святы Спас, а каля яго Матка Боская, святы Юр'я, Мікола і Ілья!

Данілка. Нават Ілья і Мікола! Вось дык дзіва!

Зоська. І шмат, шмат усялякіх святых, меншых і большых! Падышлі мы к Спасу, а ён, добранькі, і кажа: «Годзе вам на зямлі пакутаваць, прыйшла ўжо пара са мной вам разам панаваць! Святы Пётра, — тут паказаў ён на гэнага, што нас вёў, — будзе над вамі апеку мець на векі вечныя...» (Паўза.)

Данілка. Ну, а далей што было?

Зоська. Нічога! Тут я і прабудзілася.

Данілка. Шкода, што мы там не асталіся. Там бы, можа, мне і скрыпку памаглі скарэй зрабіць.

Зоська. Мамка, ці ты ўсё чула? Ну, як па-твойму: добры сон ці не?

Марыля. Чаму не чула. Добры сон, вельмі добры сон! Бог яшчэ на нас, як відаць, не забыўся, а я думала...

Зоська. Вось і тата ідзе!

Уваходзіць Лявон *і садзіцца за сталом.* Аленка *і* Юрка *выходзяць.*

З'ява VII

Марыля, Зоська, Данілка, Лявон.

Лявон. Ну, што? Як маці?

Зоська. Нічога! Мамка сягоння як бы весялей трохі.

Марыля (закашляўшыся). А бач, і ты ўжо прыйшоў! Што ж там чуў?

Лявон. Што чуў, што чуў? Старую песню: не адпускаецца. Сягоння высяляць будуць: ужо фурманкі ў іх наладжаны.

Марыля. Такі сягоння! А я і з ложка не магу сысці. Як жа гэта будзе?

Лявон (з горыччу). Нічога! Вынесуць, як княгіню якую. Не бядуй па гэтым.

Зоська. А як жа будзе з пасевамі? Няўжо нам і пажаць не

дадуць?

Данілка. Вось дурная! Як жаць не будзеш, дык менш работы будзе, а то ўжо і так па самыя вушы мне гэта гаспадарка дадзела: цягам рабі ды рабі!

Марыля. Куды ж мы дзенемся?

Лявон. Нікуды! У чыстае поле!..

Марыля. Можа, да каго з суседзяў можна было б перабрацца да часу. Не прасіўся?

Лявон. Прасіўся і маліўся. У адных няма месца, другія баяцца: «адвячаць» яшчэ, кажуць, будзем; з судом і законам не жарты.

Зоська. Дык як будзе, татка?

Лявон. Так будзе, як будзе! Ты, Сымон і Данілка служыць пойдзеце, а я з маткай вашай і з меншымі жабраваць пайду. Вось што будзе!

Данілка. І я пайду жабраваць. Не хачу служыць.

Зоська (глуха). Служыць пойдзем!..

Марыля. У жабраніну ісці!.. Божа, Божа!

Лявон (як бы сам да сябе). Служыць і жабраваць! Ха-ха-ха! Зяблікі служыць і жабраваць! Бацькі і дзяды жылі на гэтым куску зямелькі. Вечна думалі жыць. Чынш плацілі, талаку рабілі ў двор, як паншчыну якую; пасеку карчавалі, будаваліся... вечна думалі жыць, а цяпер! Цяпер сын і ўнукі служыць і жабраваць... гаспадарскія сын і ўнукі. Ха-ха-ха! (Ідзе к парогу, п'е ваду і зноў садзіцца.)

Марыля. Я казала, што нічога не выйдзе. Ці з багатым беднаму судзіцца? Пакуль з багатага пух, то з беднага дух. Цэлыя вёскі такіх, як мы, з хат у поле вывозілі ад пасеваў, ад усяго дабра.

Лявон. А чаму стараверы выйгралі, хоць пазней за бацькавага дзеда ў Барках пасяліліся? Чаму?

Марыля. Бо, відаць, для іх права другое.

Лявон. Не ўсё роўна людзі?

Марыля (кашляючы). Усё роўна, ды, мусіць, не ўсё роўна. Але каб не слухаў гэтага свайго адваката Клепатоўскага, то калі б і выгналі, дык хоць гаспадарка засталася б, а так...

Лявон. А так прапала, не вернеш! Нашто дарма сабе і другім сэрца ад'ядаць.

Марыля. Жарткачі! Пяць гадоў судзіліся. Апошнюю карову і коніка сёлета прадаў. Апошнюю кароўку!

Зоська. І маю цялушачку, што мамка аддала мне гадаваць сабе на пасаг калісь.

Лявон. Што ўспамінаць, чаго не вернеш! Кожын па часе мае розум. Я толькі хацеў праўды шукаць. Ха-ха-ха! Здурэў і праўды шукаў. (Водзячы вачыма па хаце пасля некаторае паўзы, панура, тужліва.) Дзедава хата састарэлася, як і ён, нябожчык, трэ было новую ставіць... З бацькам цягалі бярвенне... падарваўся стары, памёр... тады сам адзін мусіў кончыць... Цяжка было аднаму, але неяк даў рады, толькі трохі нагу прыпсаваў, і хадзіць няма як роўна. (Глянуўшы ў акно.) З дзедам садок садзілі... Знаўся нябожчык, як хадзіць каля дрэўцаў... сам умеў пршычапляць. Садок вырас. З бацькам ужо кожнага Спаса мелі што свянціць... З зямелькай зжыўся, як з роднай маткай... Кожны каменьчык на полі і кожны кусцік на сенажаці змалку ўжо знаў як сваіх пяць пальцаў на руцэ... На гэтых гонейках пасціў скаціну... араў, сеяў, касіў. А тут!.. Суд — вон выганяюць! Кінуць тую хату, скуль бацьку і матку на магілкі вывез, кінуць тое поле, дзе кожную скібіну потам крывавым скрапіў. Эх, эх! І я гэта маю дарма ўступіць, адрачыся? Чалавек з зямлёй зрастаецца, як гэта дрэва: ссячы дрэўца — засохне, адбяры ў чалавека зямлю — згіне.
Данілка. Дык хай бы татка купіў ад двара.
Лявон. Куплю, куплю! А закон пазваляе такім, як мы, купляць? А чынш плацячы, я не выкупіў гэту зямлю? Ды што ты знаеш...
Марыля (як бы праз сон). А цяпер — на бадзянне, на вечныя мукі, вечныя здзекі, на бадзянне вечнае!..
Зоська. Служыць ісці ў чужую хату, да чужых людзей. У няволю ісці!
Лявон (глуха). Чым я вінен? Чым я вінен? Што любіў гэту зямлю, гэту родную нашу!.. За тое вінен я? За тое любіў яе, каб яна мсцілася нада мной, над намі і ў свет гнала... Ха-ха-ха! Зямля гоніць тых ад сябе, што з веку ў век свенцяць яе сваёй крывёй гарачай і потам салоным? І за што? За што? (Звесіў галаву і няўзнак уцірае слёзы.)
Зоська (падыходзіць і гладзіць па галаве бацьку). Не марыкуйце вельмі, татачка! Кдньце вельмі бедаваць! Не згінем на свеце... Што ж рабіць? Неяк жа ды будзем жыць. Не маркоцьцеся, татачка. Я сягоння сон добры сніла.

З'ява VIII

Тыя ж і **С ы м о н .**

С ы м о н (убягаючы). Тата! Чаго сядзіш? Дворныя сохі гародніну і пшаніцу заворваюць!
З о с ь к а . Няхай заворваюць! Іх зямля — іх права.
М а р ы л я (кашляючы). Дайце мне вадзіцы! Душна мне!

Зоська падае вады, падтрымлівае матку — тая п'е.

С ы м о н . Калі іх зямля, то няхай з'ядуць яе, але дабро наша — мы сеялі!
Л я в о н (наругаючыся). Мы сеялі, а людзі жнуць, ну дык што ж табе з гэтага прыбудзе што ці адбудзе? Га?
С ы м о н . Тата сваімі судамі гаспадарку ўсю прасудзіў, а цяпер апошняе двару на здзек аддаў!
Л я в о н . Не я аддаў, а зямля сама сябе аддала ім на здзек. Я, ты, пяты, дзесяты штосьці ёй не ўгадзіў, ну, дык і чураецца сваіх дзяцей.
С ы м о н . Але нашае працы яна не чураецца. І мы затое павінны бараніць яе ўсёй сваёй сілай.
Л я в о н (насмешліва). Ха-ха-ха! Будзе бараніць той сілай зямлю ад людзей, што тая ж зямля і тыя людзі даўно гэту сілу забралі ад яго! Разумненькі — няма чаго сказаць!
С ы м о н . У таткі забралі, але ў мяне яшчэ не паспелі, і ў мяне хопіць моцы ў крыўду не дацца, я і не дамся! (Хапае з-за лавы тапор і хоча бегчы, бацька адбірае.)
Л я в о н . Ані мне важся чапаць іх! А не, то сваёй жа рукой заб'ю цябе гэтым тапаром!
С ы м о н . Я свайго толькі буду бараніць!
З о с ь к а . Тапаром?
С ы м о н . Хоць бы і сваёй галавой! Хто ж мне забароніць? (Тузаюцца.)
З о с ь к а (разбараняючы і цалуючы рукі Сымона). Кінь, Сымонка! Не йдзі проці волі бацькі! Што ты там адзін зробіш? Мамку хворую толькі перапужалі.
Д а н і л к а . І мяне напалохалі. Пакіньце! Што вы — малыя дзеці — гэтак тузацца?
Л я в о н (да Сымона). Пушчай, разбойнік, тапор. (Вырывае.)
С ы м о н . Эх, тата, тата! А што нас чакае, як мы гэтак будзем

15

папускацца?!

Лявон (апусціўшыся на лаву, панура). Трэба праўды шукаць не тапаром, а розумам. Дзед твой не меў розуму, я не маю, але ты яго мей, каб з часам цябе і тваіх дзяцей не ганялі гэтак, як сягоння.

З'ява IX

Тыя ж і А л е н к а з Ю р к а м.

А л е н к а і Ю р к а (убягаюць у хату, уціраючы кулакамі слёзы). Тата! тата! нейкія людзі страху з нашае хаты здзіраюць!
Л я в о н. Няхай здзіраюць! Не вашае дзела!
З о с ь к а. Я пайду папрашу іх, можа...
Л я в о н (з сілай). Не трэба! Не йдзі! Годзе ўжо бацька твой спіны нагнуўся і парогаў наабіваў. Я сам вінен і за ўсіх вас адвет панясу перад людзьмі і перад Богам. Трэ было мне ў сваім часе выехаць з гэтае хаты і не чакаць, пакуль аж прыйдуць выкідаць. А цяпер... сам сабе яму выкапаў сваймі рукамі! (Пасля некатораe паўзы.) Так, так, сам сабе яму глыбокую выкапаў... Без часу прыходзіцца ў яе лезці. Згіненне якоесь прыступае і душыць мяне з усіх старон... У вачах цёмна робіцца... думкі туманяцца... штосьці горла сціскае, дыхнуць не дае. Гара нейкая навалілася на плечы і цісне мяне, як каменнем усяго прыгнятае, а звяр'ё нейкае абсядае і на косці мае трухлявыя ласіцца. (Як памешаны.) Дзе я? Што я? Цёмна, страшна кругом!..

Чуваць трэск над хатай, сыпецца пясок.

Во, во! З неба пясок сыпецца, а можа, гэта зоркі нашы валяцца, што павядуць нас па свеце з кіем жабрачым? (Прыглядаючыся, трывожна.) Не! не! гэта не зоркі, а жывы пясок, што я на хату цягаў на сваіх плячах... О, мой пясочак... залаты пясочак! Я цябе цягаў на вышкі, угару, а ты мяне ўнізе на векі вечныя засыпеш. Сыпся! буйным градам сыпся!.. (Як бы збудзіўшыся.) Але што я гэта гавару? Што я маруджу? Трэба ісці хутчэй, каб выгадней прыгатавацца ў вялікую вандроўку!

Трэск, і відаць праз адчыненае акно, як валяцца салома і канцы палення з страхі. Аленка і Юрка тулягцца са страху да Зоські.

Вы тут пасядзіце, а я пайду і мігам прыладжу ўсё к дарозе. Трэба мякчэй намасціць для маці калёсы, бо яны ж не дагадаюцца. На чужой павозцы ваша маці выедзе сягоння, як пані, з свае хаты! (Абмахнуўшы рукавом слёзы; выходзячы.) Не выходзьце з хаты, пакуль я не вярнуся.

З'ява X

Тыя ж без Л я в о н а.

Д а н і л к а. Які гэта тата сягоння нейкі, як не пры сваім розуме.
С ы м о н. Я думаю! Гэта ж не жарта́чкі! — ад усяго адпрэчылі, і рук няма за што заняць... Кожны з розуму сойдзе.
М а р ы л я (як бы праз сон). Вады мне дайце!

Зоська падае. Паўза.

З о с ь к а. І што мы будзем рабіць?
С ы м о н. Зараз тата вернецца, дык нешта будзем рабіць. Добра, што хоць вы ў мяне тапор адабралі, а то забіў бы каго, і ў вастрозе прыйшлося б гніць.
З о с ь к а. Не рабі гэтага, братачка! Тата стары, мамка хворая, гэтыя — малыя яшчэ, дык што яны ўсе пачнуць без цябе і мяне? А так, пойдзем служыць і будзем як-колечы памагаць ім з апошняга.
С ы м о н. Але! Трэба памагаць. Трэба пачынаць новае жыццё. І я яго пачну. Яшчэ мы знойдзем зямлі ў сваёй старане і яшчэ мы хату адбудуем на сваім загоне! Я добра прыглядзеўся, як людзі жывуць, і добра надумаўся, як трэба жыць. Тата праўду сказаў, што трэба розумам ваяваць, а не тапором. І я розумам буду ваяваць і другіх вучыць да гэтае вайны. Годзе крыўды, годзе няпраўды!

Вялікі трэск над хатай.

З о с ь к а (спужаная). Ах! Каб хаця нас без пары хатка не пахавала?
С ы м о н. Не бойся! Гэта толькі з кроквы закот здзіраюць. Пакуль нас адгтуль не выпрасяць — столі чапаць не будуць. Ды тата ж на дварэ: бачыць, што там робіцца...

17

Данілка. А я ўсё-такі пайду адгэтуль на кожны выпадак. Каб іх паляруш! Скрыпку не даюць спакойна рабіць. Пойдзем, малыя. (Забірае Аленку і Юрку і выходзіць.)

З'ява XI

Марыля, Сымон, Зоська.

Марыля. Памажыце мне з хаты выйсці, а то страшна!..
Сымон. Зараз, мамка, зараз!
Зоська. І мне неяк жудка! Ды яшчэ гэты тата недзе задляваўся!
Сымон. А на мяне ведаеш, з кожнай мінутаю нейкая рызыка находзіць. Здаецца, нічога на свеце цяпер не баюся. Хоць бы зямля тут расступілася, дык не спужаўся б і ў апраметную скочыў. Дый праўда. Падумай, сястрыца, чаго нам баяцца? Зямлю ад нас адабралі, хату нашу раскідаюць, астаёмся мы, як пасля пажару, — толькі ў вопратках. Дык што ж мы такія значым на свеце і што нас за жыццё чакае? Без зямлі, без свае хаты чалавек, што шалёны сабака — адна цана: ні яму прыстання, ні яму скарынкі хлеба, ні яму добрага слова!.. Будуць здзекавацца, ганяць, пакуль не ўгоняць у якую процьму, з якое і выхаду ніякага павек сабе не знойдзе. А так — раз канец усяму!

Трэск.

Што ж? Вярніся, хатка. Хутчэй вярніся! Забівай усіх, насмерць усіх забівай! Досыць бадзякаў і без нас на белым свеце: галодных, паднявольных па вёсках, а п'яніц і жулікаў па гарадах! Вярніся, хатка!.. Абымі нас сваімі дзераўлянымі рукамі, як абымае перад ястрабам сваіх дзетак крыламі галубка. Прытулі нас, хатка, і сагрэй! Бачыш, як цёмна і страшна! Ха-ха-ха! Хата не валіцца. Дзерава больш жалее нас, як людзі жывыя, як з сэрцам і душою людзі!

Зоська (глядзіць на Сымона перапалоханымі вачыма). Сымонка! Не гавары так, братка! Мне страшна робіцца ад твае гэткае гутаркі. А тут тата не варочаецца... Каб скарэй гэта ўсё скончылася. Неспакойна мне, каб хаця з ім што кепскае не прылучылася?

З'ява XII

Т ы я ж і д в о е д в о р н ы х л ю д з е й.

А д з і н з л ю д з е й. Чаго седзіцё? Бацька павесіўся!
З о с ь к а (кінуўшыся з хаты). Ах, Божа мой, Божа! Такі даканалі старога!
М а р ы л я (хоча сысці з ложка і валіцца на зямлю.) Сымонка, памажы мне!

Сымонка сядзіць на адным месцы і злараднасна пазірае. Людзі падыходзяць браць ложак.

С ы м о н (хапае тапор і падбягае к ложку, заціснуўшы зубы). Толькі паважцеся што-колечы крануць з хаты!!!

З а с л о н а

АКТ ДРУГІ

Сцэна прадстаўляе раскіданыя будынкі: тырчыць шулле, печ; валяецца бярвенне, латы, салома, хатняя абстаноўка. У глыбіні сцэны - сад, бліжэй к рампе стаіць адно дзерава, непадалёк ад яго ў непарадку: стол, лавы, табурэткі. Дзеці (Аленка і Юрка) як бы перапужаныя, гульня ў іх не клеіцца. Час - праз два тыдні пасля першага акта. Перад захадам сонца.

З'ява I

М а р ы л я, Д а н і л к а, д з е ц і.

Д а н і л к а (прыбіваючы абраз да дзерава). Ну, ужо, мамка, усё гатова! Давёў у парадак хату, як лепей быць не можа, нават божаньку павесіў, каб было перад кім маліцца. А цяпер мушу за сваю работу брацца. (Садзіцца воддаль і майструе скрыпку.)
М а р ы л я (апускаецца на зямлю і прытульваецца к дрэўцу). Эх, дажыліся, божухна, божухна! Не вісіць твой абразок у хатачцы на пачэсным куточку, а тут на гэтым дзераве, сярод гэтае руіны. Як сірата, вісіць твой абразок тутака. Дождж яго будзе мыць, сонейка паліць, вецер хістаць, як той бярозкай у полі хістаць. Патапталі, божухна, вярбу тваю свянцоную, пакрышылі

тваю свечку грамнічную. А мы, служкі твае верныя, сядзім тут, як пагарэльцы на папялішчы, і сонейка твайго яснага за слязьмі не бачым. Ох, ох! Людзі твайго сонейка не бачаць, праўданькі твае не бачаць, голасу твайго не чуюць. Асвяці ты, Божа, душу маю грэшную, не пакінь майго ўдовінага сіроцтва, - пашлі мне сілачкі гэтых малых выхаваць! Укрый іх ад галоднае і халоднае смерці і ад благіх людзей укрый іх, Божа!

Данілка. Мамка, мамачка, не галасіце гэтак, а то аж мне на слёзы збіраецца, як пагляджу я на цябе!.. Шкода таты, ведама, што шкода, але што ж ты зробіш? Дык не бядуйце, мамка! Я незадоўга ўжо скрыпку сваю скончу і так тады зайграю, так зайграю, што ўжо нікому з нас так галасіць не захочацца! А цяпер лепей будзем аб чым іншым гутарку весці. Мне як вельмі сумна зробіцца, што скрыпка не ўдаецца, дык я тады сам з сабою гутару і гутару... Ну, што ж бы такое? Э! Трудна неяк і да розуму прыйсці. Ага! Вось скажыце мне, мамка, чаму гэта так доўга тату не хавалі? Усё ніяк дагэтуль не сабраўся папытацца цябе аб гэтым.

Марыля. Не хавалі, бо так трэба было, - следства рабілі. Закон, бачыш, такі ёсць: як хто сам праз сябе памрэ, дык датуль няможна хаваць, пакуль не дойдуць, як і праз што ён душой загавеў.

Данілка. Ага! Ведаю цяпер. Значыцца, як і я памру, дык не будуць датуль хаваць, пакуль не даведаюцца ў мяне, нашто я памёр. А-а-а, скажыце мне, мамка, нашто гэта людзі родзяцца, каб пасля ўміраць? Бо ж, я думаю, невялікі цымус ляжаць засыпанаму зямлёй.

Марыля. Гэтак ужо Богам устроена на свеце. Нічога не парадзіш.

Данілка. Несамавітае, як так, гэтае ўстройства. А ці праўда, мамка, што ёсць такая старонка, праз каторую плывуць крыніцы з жывой вадою? Кажуць, калі напіцца тае вадзіцы жыватворнае, дык чалавек ніколі не ўмрэ.

Марыля. Можа, і ёсць. Хто ж яго ведае! Але яшчэ тае крыніцы ніхто не бачыў і не піў з яе, бо каб хто-небудзь піў, то хоць адзін чалавек жыў бы і жыў на свеце больш, як усе людзі жывуць, а так няма: усе як ёсць рана-позна ўміралі, уміраюць і ўміраць будуць. Такая ўжо воля боская.

Данілка. Але ўсё-такі жывая вада ёсць, як сабе, мамка, хочаш! Бо і нашто ж бы ўсё так аб ёй гаварылі? Як я вырасту такі вялікі і дужы, як наш Сымонка, тады пайду з сваёй скрыпачкай

шукаць гэнае крыніцы, а як знайду - сам нап'юся і вас усіх пачастую, і будзем мы жыць і жыць, аж пакуль не памром!
М а р ы л я . Ну і дагаварыўся!

Паўза.

Д а н і л к а . Растлумачце мне, мамка, нашто людзі хаты будуюць, а пасля іх самі ж раскідаюць?
М а р ы л я . Будаваць-то самі будуюць, а раскідаюць не людзі, а іхняя нядоля горкая раскідае.
Д а н і л к а . Цікавасць, што гэта такая за паня - горкая нядоля? Для яе мушу пашукаць такое вады, ад каторае яна, як вып'е, дык адразу памрэ. Але, па праўдзе кажучы, калі так нядоля раскідае тое, што людзі будуюць, дык нашто ж зусім будаваць? Гэта ж, даліпантачкі, мне шмат лепей і выгадней вось цяперака на гэтым ламацці без сцен і страхі, як было ў хаце! Калі сядзеў я ў хаце і майстраваў сваю скрыпачку, то мне здавалася, што я сяджу ў нейкай клетцы, адкуль і вырвацца трудна будзе ў свет. А тут - аніводнае загарадкі! Ляці сабе, куды хочаш, як птушка, і ўсё такое. А гэтая вялікая страха, злепленая з неба, куды прыгажэйшая, як была наша саламяная.

Паўза.

Ну, вось адна дошчачка як бы і гатова, цяпер будзем рабіць другую. Што ж гэта я хацеў яшчэ папытацца? Ага! Успомніў! Скажыце, мамка, ці далёка гэта канец свету? Кажуць, міль сто пэўна будзе ад нас, калі не болей?
М а р ы л я . Канец свету там, дзе канец шчасцю людскому.
Д а н і л к а . Э-э! Мамка, так гаворыш, што і сам пісар не разбярэ.

З'ява II

Тыя ж і С ы м о н .

М а р ы л я (да Сымона, глуха). Ужо ты вярнуўся? Пахавалі? Можа, на могі...
С ы м о н (садзячыся, панура). А як жа!.. Пахавалі, толькі не на могілках... не пазволілі! За магілкавым плотам пахавалі. Тут, паміж жывымі, не было яму месца - не стала яму прыстанішча і

паміж нябожчыкамі. Самагуб!.. А спытайцеся, хто яго давёў да гэтага самагубства?!

М а р ы л я . Нічога, дзеткі, не парадзіш. Грэшнай смерцю памёр - мусіць пакутаваць.

С ы м о н . Пакутаваць! пакутаваць! Гэта вечная пакута толькі чалавека на звера перарабляе, дзічэць прыходзіцца, як цемняку якому. Што яна, гэта пакута, са мной зрабіла?! Я сам сябе не пазнаю. Калі кідаў сягоння на бацькаў труп зямлю, то мне здавалася, што гэтым жвірам чырвоным засыпаю самога сябе, сваё шчасце, свае леты маладыя; засыпаю Бога, людзей, цэлы свет; здавалася, усё чыста хаваю на векі вечныя ў сцюдзёнай магіле.

М а р ы л я . Нічога, сынку! гэта пяройдзе, гэта толькі жаль вялікі праз цябе гаворыць. Ведай, што яшчэ не ўсё і не ўсіх ты пахаваў: засталіся ў цябе я, браткі і сястрычкі твае - імі і з імі ты мусіш жыць і павінен жыць. Цяжанька цяпер табе, - ды і каму з нас сягоння тут лёганька, - але што чыніць? Памучышся які месяц-другі, прыдаўлены сваім сіроцтвам і адзіноцтвам, месяц-другі будзеш сноваць, як тапельнік між жывымі, не знаходзячы сабе прыстанішча, а там, за які гадок, як зацвітуць на вясну першыя кветкі над бацькавай вечнай пасцеляй, - зацвітуць краскі і ў цябе на душы і на сэрцы, светлыя краскі ціхага спакою і журбы святой. Будзеш далей жыць і шукаць шчасця на свеце.

С ы м о н . Кветкі! шчасце! Паганыя ногі патопчуць кветкі на бацькавай магіле, як і яго самога ў зямлю затапталі; а шчасце, - каб як глыбока захаваў у сабе, - то табе яго збэсцяць, без ніякае літасці збэсцяць! Нячыстымі рукамі будуць капацца ў душы, пакуль не вырвуць з яе гэтага шчасця і не кінуць яго пад ногі і не раздушаць.

Паўза.

М а р ы л я . Усё ж такі, як бы там сабе ні было, а нам трэба думаць, як далей жыць. Паняволі мусім сабе даваць якую раду. Гэтага, сынок, мала, што ты загадаў перацягнуць сюды ламаццё з поля. Грызці яго не будзем.

С ы м о н . Што ж, мамка, ізноў ты да таго мяркуеш, каб ішоў туды да іх ласкі прасіць?

М а р ы л я . А хоць бы і так, то што ж там вельмі такое?

С ы м о н . Я ўжо мамцы ад першага дня казаў і цяпер тое кажу: не пайду туды і вы ўсе не пойдзеце. Аднаго кроку ў той бок не дам і адгэтуль не саступлю. Магіла татава стала веквечнай перагародкай паміж імі і намі, і не знішгожыць яе сіле чалавечай! Гора таму, хто першы пераступіць гэты насып магільны над сваім родным, працягне рукі к ім і пойдзе з імі! Нядоўгая будзе хадня побач з імі. Бо яны, калі сэрца не вырвуць і душы не збэсцяць зусім, то хоць вочы аслепяць і пусцяць блуднымі сцежкамі на вечнае бадзянне, на вечны здзек і паніжэнне. А свае на такога будуць тыкаць пальцамі і шаптаць асцярожна: «Адступнік, душапрадавец! Бацькаву магілу пераджаргаў, каб у іх зладзейскія рукі лізаць!»

М а р ы л я. Але ты без іх не абыдзешся. Рана-позна мусім ісці к ім... па работу, па хлеб...

С ы м о н. Дык што ж, калі я з мусу і пайду, як слуга іх, як нявольнік, але не па сваёй добрай волі - як іх падлыжнік і завушнік? Праца мая, нявольніка, дол толькі ім глыбейшы выкапае, а хлеб спечаны нявольніка рукамі, ядам абернецца ў зубах іх. Але цяпер... цяпер ніяк к ім не пайду, хіба вяроўкамі пацягнуць, калі ёсць на свеце такія вяроўкі моцныя. Там, над бацькавай магілай, зарок сабе даў жывым не сысці з гэтага месца, з гэтага нашага разграбленага гнязда, дзе татавы ногі расу сцюдзёную тапталі, а вочы яго шукалі на небе зоркі свайго шчасця. І не сыду, і не ўступлю, хай б'юць, рэжуць, катуюць!..

Д а н і л к а. Э! часам і без вяроўкі ў пятлю лезуць, як ліха прыпрэ.

М а р ы л я. Супакойся, Сымонка! Пакіньма цяпер аб гэтым гаварыць. Можа, есці хочаш? Ёсць трохі печанай бульбы. (Дастае кійком з папялішча бульбу).

С ы м о н (едучы). З'ем, чаму не з'ем? Ад самага рання нічога ў губе не меў. А работы шмат было: сам мусіў яму выкапаць - ніхто не хацеў памагчы, бо, кажуць, для вісельніка страшна дол капаць. Ну, няхай ім будзе страшна. Але я ведаю - не страх тут быў прычынай, а тое, што мы не маем чым заплаціць і чым пачаставаць, не маем за што даць ім гарэлкі, накарміць салам... Не хацелі, і не трэба! Без іх сядзем за жалобным сталом. Ха-ха-ха! Няма чаго сказаць - багаты стол: бульба і вада, вада і бульба!.. Памінкі па родным бацьку, па гаспадару з гаспадароў! Памінкі на раскіданай хаце, на здратаваных пасевах, па сумленным жыхару, па шчырым сяўцу! Што ж, да касьбы і жніва трэба ладзіцца, да вялікае касьбы і жніва. (Кідае бульбу са злосцю.) Яда ў горла не лезе - колам становіцца.

Д а н і л к а. А ты вазьмі ды вадой прагані, або дай я табе ў плечы пастукаю. Мне як засядзе кусок у горле, дык мамка як стукне, - глядзіш, кусочак і паляцеў куды трэба.

М а р ы л я (да Сымона). Дзе Зося? Чаму яна з табой разам не прыйшла?

С ы м о н . Дзе Зося? дзе Зося? У яе пытайся, а не ў мяне, куды яна прападае. Пайшла з магілак раней за мяне, дык павінна была і раней прыйсці.

М а р ы л я . Каб хаця не заблудзіла дзе? Чаму ты адну яе пусціў? Далёка тут да няшчасця.

С ы м о н . Да няшчасця мо і недалёка: заблудзіць - не заблудзіць, калі сама гэтага не зажадае. Але яна ўжо запраўды блудзіць ад першага дня бацькавае смерці. Мамка хвора і даверчыва, дык не бачыш нічога і не чуеш, а я ўсё бачу і чую. Паляцела перш ад мяне з магілак, каб у двор заляцецца - на панічовы гібкі стан падзівіцца, як сучка, каля ног яго паласціцца.

М а р ы л я . Скуль ты гэта ўзяў, каб Зося... Зоська... мая дачушка?..

С ы м о н . Так, так, Зоська, твая дачушка, а мая сястрычка родная ў двор да паніча бегае, уся ваколіца аб гэтым як у бубен б'е. Я ўсё не верыў, пакуль сам не пераканаўся: заўчора ўсю ноч там прападала. Я відзеў, але маўчаў, бо яшчэ тата быў не пахаваны, не хацеў пры нябожчыку аб гэтым новым нашым няшчасці казаць і калатню падымаць.

М а р ы л я (жаласліва). Зоська... мая Зосечка... Вушам не верыцца. Прыпамінаю: у той дзень, як выкідалі, яна прыбегла і казала, што там, ля рэчкі... Ці ж быць можа?.. Зоська... Зоська...

С ы м о н . Хэ-хэ-хэ! Крамная скура, размасленыя вочы, ліслівае слінявае зюзюканне, бяссоромныя ў кутку пацалункі - вось вам і палонка, у каторую простая дзяўчына валіцца, зрэнкі заплюшчыўшы. Без вялікіх коштаў і торгу мае сабе бясчэльны самалюбнік удоволь свежага і здаровага тавару ў нашай цёмнай прастоце. А плаціць за гэты тавар разбітым шчасцем, апаганенай славай і паскуднымі хваробамі... Зоська... Зоська... Ці ж яна ў іх першая або апошняя?..

Д а н і л к а . Ты, мусіць, яшчэ не адпусціўся на іх за тое, што яны адбілі ў цябе тваю Кастусю Дударышку, якую, пасля таго як бусел прынёс ёй малое, дык і яны прагналі, і ты прагнаў.

З'ява III

Тыя ж і З о с ь к а.

Зоська босая, але старанна прычасаўшыся і адзеўшыся. Увайшоўшы, нейкі час стаіць у няпэўнасці, трымаючы штось пад хвартухом. Гаворыць не то баязліва, не то вінавата; часам слёзы дрыжаць у яе голасе.

С ы м о н . Прыйшла-такі нанач! Што ж гэта табе зрабілася?
З о с ь к а . Чаму ты так гаворыш, братка? Ці ж я калі-небудзь начавала дзе іначай, апрача свае хаткі, або цяпер не начую кожную ноч на гэтым ламацці?
С ы м о н . А заўчора дзе ўсю ноч прападала? Думаеш, не ведаю!
З о с ь к а . Нічога ты, браток, не ведаеш, ох, як нічога! Мне так сумна і страшна зрабілася, што тата ляжаў тут непадалёк непахаваны і такі жудасны з гэтай вяроўкай на шыі, што я не выцерпела і, як учадзеўшы, у поле пабегла. І нідзе не начавала, нідзе, усю ночку па полі блудзіла. Нічога благога не рабіла, каб я так шчасцейка свайго не аглядала!
М а р ы л я . Не кляніся, дачушка! Нашто?.. Не трэба!
С ы м о н . А чаму сягоння ў пару не прыйшла з магілак? Чаму?
З о с ь к а . Сягоння?.. з магілак?.. Так сабе! Зайшлася на мінутку да цёткі, што служыць з дзядзькам у дварэ. Такая нейкая нуда ў дарозе агарнула, што не магла стрымацца і зайшлася... Дык вось нам яна - цётка - пазычыла трохі сала і хлеба. Кажа: «У вас сягоння памінкі па тату, дык хоць павячэраеце на здаровейка». (Дастае прынесенае і аддае матцы.) У цёткі пазычыла... Не хацелася мне спачатку браць, але пасля так шкода вас усіх зрабілася, што ўзяла і пазычыла...
С ы м о н . Ведаю, у якой цёткі была ты з пазыкай, ведаю! Але чым ты аддаваць будзеш гэта пазычанае? Трэба ж - яшчэ выдумала цётку нейкую? Сказала б ужо проста, што была ў дзядзькі, у маладзенькага ды прыгожанькага, папраўдзе ласага да ўсялякіх пазык. Як табе не грэх і не стыдна? Яшчэ над бацькавай дамавінай пясок не завяў, а дачка пабягушкамі займаецца. Забылася, што ён, нябожчык, казаў табе перад апошняй сваёй мінутай. Я прыпомню, калі маеш такую кароткую памяць. Бацька казаў: «Не паніжайся перад дужым дачаснікам, бо ён табе за твае

паніжэнне перад ім вочы заплюе паскуднай слінай, а душу і сэрца тваё змяшае з балотам атопкаў снаіх!» Забылася гэтых слоў, не дачакпўшмся першага маладзіка, пасля сканання таго, хто іх табе сказаў. Эх, Зоська! Зоська! (Шыбка выходзіць. Зоська садзіцца, закрыўшы вочы рукамі.)

З'ява IV

М а р ы л я , З о с ь к а , Д а н і л к а , д з е ц і .

Д а н і л к а . І што гэты Сымон думае з сваёй рызыкай? Ужо аж мяне пачынае злосць на яго разбіраць. Няцяпаў-няцяпаў языком, а каб хто папытаўся - нашто? Вярхнік толькі мой да скрыпкі сапсаваўся, і выйшла з яго ні богу свечка ні чорту качарга. Пойдзем, малыя, шукаць новай дошчачкі! (Забірае Аленку і Юрку і выходзіць.)

З'ява V

М а р ы л я , З о с ь к а .

М а р ы л я (як бы сама да сябе). Такое было з яго мілае дзіцянётка. Ведама - панскае, што і казаць... Любіла яго, усё роўна як сваё роднае... Тады ўжо, пры грудзях, панічоўская кроў іграла ў целе яго вутленькім... Чуць толькі стаў ручкі ў кулачок складваць, шчыпецца, бывала, моцна шчыпецца. А як сталі зубкі выразацца - кусаўся; як угрызе, то аж кроў выскачыць з грудзей. Маленькі яшчэ - а такі ўжо дасціпны быў. І ці даўно было гэта, здаецца, як пры мне качаўся, а цяпер глядзі - хоць куды мужчына! (Да Зоські.) Ці праўда, Зоська, што Сымон казаў? Ці праўда, што ты да яго ў двор...
З о с ь к а . Мамачка! Нашто табе гэта канечна ведаць? Ці ж не ўсё роўна будзе? Калі гэта праўда - я згінула, калі гэта і няпраўда - я не ўваскрэсла... На небе маленькая зорка ўсміхаецца да вялікага месяца, а на зямлі вутлая калінка хінецца да крэпкага явара, а я - што?
М а р ы л я . Але ты не ведаеш, што цябе чакае, як будзеш так хінуцца к яму, як калінка да явара? Сябе згубіш і нас вечным сорамам абняславіш. Ён паласіцца, папесціцца і кіне, як кідаюць зношаную вопратку на сметнік. Толькі я не веру, што Сымон

казаў, і ніколі не паверу. Ты супакой мяне, дзеткі, і скажы, што гэта няпраўда. Я цябе выхавала, сваім малаком выкарміла, і ты лгаць мне не маеш права.

З о с ь к а (змагаючыся з сабою). Не мучце мяне, мамка! Я і так сама змучылася за гэтыя два тыдні ад смерці таты. Штосьці такое страшна дзіўное творыцца каля мяне і са мной, чаго я сваім бедным розумам і адгадаць мо магу. Мамачка, не пытайцеся лепей: я лгаць не буду, але ты сама ведаеш, не ўсю і праўду можна казаць.

М а р ы л я. Роднай матцы можна!

З о с ь к а. А калі я ўжо не ведаю, дзе праўда, а дзе мана. Усё перамяшалася ў маёй няшчаснай галаве. Нейкі туман сіні-сіні кругом мяне разаслаўся, і я, здаецца, плаваю па ім, так ціха-ціха плаваю, як тыя гусі белыя на возеры або воблакі сівыя пад небам далёкім! І штосьці мяне кудысь цягне, бярэ за рукі, абымае ўпол і выносіць з сабой так лёгка-лёганька, як ціхі вецер туюпярынку галубіную над гаем зялёным!

М а р ы л я. Ты заўсёды была такая нейкая, што і сама я не магу разабраць - якая. Змалку дзён трудна было з табою да ладу прыйсці. Усяе тае і гутаркі ў цябе было, што з лесам, з ветрам ды з крыніцай. Нешта нялюдскае сядзіць у табе.

З о с ь к а. Ці ж я вінавата, што я такая?

М а р ы л я. Ты ў гэтым, можа, сама і не вінавата, але затое вінавата ў тым, што Сымон казаў. Ён бачыў цябе з ім заўчора ўночы.

З о с ь к а. Няпраўда, мамачка! Няпраўда! Я там не была, - гэта, можа, толькі цень мой быў там. Але - пэўна, цень! Я часам бачу, як цень мой адлучыцца ад мяне і пойдзе сабе недзе далёка-далёка! Праз высокія горы ідзе, над быстрымі рэчкамі і шчырымі барамі плыве, а пасля ізноў ка мне вернецца і ходзіць за мною следам, як бы сочыць мяне. Тады на мяне страх нападае. Ох, баюся я гэтага свайго ценю, як відма якога з таго свету, баюся!

М а р ы л я. Дык гэта цень твой там быў?..

З о с ь к а. Цень, мамачка! цень! Я сама не была там. Каго я там не бачыла?

М а р ы л я (устаўшы). Не веру я табе! Ты вечна толькі штось незвычайнае выдумляеш, каб толькі мазгі каму завясці і аплуціць. Але вось што: прысягні, што гэта няпраўда, што ты сама туды не хадзіла! Прысягні! Іначай і мяне з розуму звядзеш, як сама ўжо, відаць, сходзіш.

З о с ь к а (устаючы). Прысягну, мамачка! На што хочаш

прысягну, што гэта цень мой быў. На што хочаш прысягну! Руку дам праз сваю галаву.

М а р ы л я . Не трэба мне твае галавы. (Паказваючы на абраз.) Вось, перад Богам прысягай! Перад Яго абразом.

Зоська змагаецца з сабой.

Ну, чаго чакаеш? Станавіся на калені і прысягай!

З о с ь к а (апускаючыся на калені перад абразом). Мамка, я баюся! Страх нейкі ўсю мяне праймае.

М а р ы л я . Складай пальцы накрыж і прысягай! Іначай я асляплю цябе, каб да смерці туды сцежкі не знайшла!

З о с ь к а (складаючы пальцы накрыж). Мамка, мамачка! Не губіце мяне! Я не магу!.. Я не ведаю, каторае з нас цень мой, а каторае я сама?

М а р ы л я . А калі я табе вочы выкалю, тады даведаешся? Га! Даведаешся тады?

Чуваць прыбліжаючаеся насвістванне.

З о с ь к а (прасвятлеўшы). Мамачка! Ён сам - цень мой - ідзе! Удваіх з ім будзем прысягаць!

М а р ы л я (заламаўшы рукі на чале). Што са мною? Што з ёй? Што за благі дух яе папутаў? Развалена хата, закопаны бацька, а яна? (Глуха.) Зоська! Зосечка!..

З о с ь к а (як бы ў экстазе). Мама! Мамачка! Ясны месяц да залатой зоркі плыве, зялёны явар да калінкі свае хіліцца, а ён - цень мой - з далёкіх краёў да мяне прыбывае, дарагія падаркі прыносіць: гарачае сэрца, задумную душу, бязмежнае мілаванне!

М а р ы л я . Што з табою, Зоська?.. Зосечка!..

Уваходзіць П а н і ч .

З'ява VI

М а р ы л я ,   З о с ь к а ,   П а н і ч .

З о с ь к а (усхопліваецца і з распасцёртымі рукамі хоча кінуцца к Панічу, але Марыля, сама гэтага не бачачы, загароджвае ёй сабою дарогу). Паніч, панічок к нам прыйшоў.

П а н і ч (пакручваючы палачкай). Ці Сымон дома?

М а р ы л я . Дома, панічок! Ён толькі недзе выйшаў; зараз вернецца.

З о с ь к а (падносіць Панічу ўслончык і засцілае хусткай).

Садзіцеся, панічок. Я... мы так рады, што ты... вы прыйшлі, так рады... Садзіцеся.
П а н і ч . Не ўважай, Зоська, маю час і пастаяць.

Паўза.

Што гэты Сымон ваш думае? Чаму ён не выносіцца адгэтуль і вам не дае якога-небудзь прыстанішча?
З о с ь к а . Мы скора, панічок, выедзем. Не гневайцеся!
М а р ы л я . Вельмі ён заеўся; я - маці яго - і то не магу нічога зрабіць з ім. Бяда, панічок, з дзяцьмі, бяда!
З о с ь к а . Сымону жаль па тату адойдзе, і мы пойдзем. Не будзем тут векаваць і дакучаць панічу. Пэўна, што не будзем.
П а н і ч . Праз бацькава і яго ўпорства хату толькі напрасна прыйшлося раскідаць.
З о с ь к а . Нічога, панічок. Шкода толькі, што тата павесіўся, а мамку прыйшлося хворую выносіць.
П а н і ч . Як жа цяпер здароўе Лявоніхі?
М а р ы л я . Дзякую, панічу, за пытанне! З тыдзень яшчэ не магла пасля таго хадзіць, а цяпер як-колечы валачу ногі; каб толькі скарэй куды-небудзь далей звалачыся!
П а н і ч (садзячыся на ўслончыку). Ну, а як Зоська гадуецца?
З о с ь к а . Як, панічок, бачыце! Жыву апошнія часы на свеце і свету не бачу. Адна мая радасць, адно маё шчасце, калі з та... калі ўночы сны цудоўныя бачу, калі думкамі плыву к та... к свайму месячыку яснаму. Так цяпер, панічок, жыву я і чакаю... толькі ночкі чакаю!.. (Садзіцца на зямлі непадалёк ад Паніча і з любасцю паглядае на яго.)
М а р ы л я (убок). Скажу яму, усё чыста скажу! Можа, ён мае сумленне заспакоіць. (Да Паніча, змагаючыся з сабою.) Скажыце, панічок, скажыце, сакалочак... не загневайцеся на мяне!.. (Валіцца к яго нагам.) Не губіце яе, панічок! Яна яшчэ дзіцяне і нічога не знае... Не губіце! Мейце ласку над маткай! Можа ж, і вам калі дзетак Бог пашле... Не губіце! Я яе гэтымі самымі грудзьмі карміла, што і цябе!.. Жжальцеся над беднай удавой! Ці праўда, што яна к вам... што яна? (Слёзы не даюць ёй выгаварыць. Апіраецца адной рукой аб услончык.)
З о с ь к а . Мамка нічога не ведае... Я аб нічым ёй не казала... Даруйце ёй, панічок!
П а н і ч (устаючы), Што? што, Лявоніха, хочаш ад мяне? Я нічога не разумею! Я ж не магу пазволіць ізноў тут хату ставіць,

калі мне гэту сялібу трэба прылучыць да двара. Раз выкінулі вас, то і ўсё тут. А калі захочаце служыць у мяне, то я ў дварэ дам хату.

Марыля. Я не аб гэта. Я... я малю цябе: не зводзь яе, мае Зоські! Табе, панічок, нічога не станецца, а яна згіне, прападзе за нямашто!

Паніч. Якая Зоська згіне? Што ты выдумала?

Зоська. Я, мамачка, не згіну, а калі і згіну, то мой цень астанецца і будзе жыць на свеце да сканчэння вякоў. Так! Цень будзе жыць, калі я згіну.

Марыля. Чуеце, панічок, што яна кажа? Гэта ты яе ачараваў. Гэта ты мне дачку выдзіраеш! Лепей сэрца ў мяне, яе маткі, выдзеры і зрабі з яго свечку сабе, але дачкі не вырывай у няшчаснай удавы!

Зоська (падыходзячы к матцы, абымае і цалуе ў галаву). Зязюлька мая падстрэленая! Усё роўна тады ці сяды рассыплюцца твае дзеткі па беламу свету, і будуць каршуны кляваць цела іх і хлёптаць кроў цёплую, а шумны вецер паразмятае перайка і чорным пясочкам костачкі іх прысыпе. Толькі ты, зязюлька, гэтага саколіка цяпер не кляні - ён нічога не вінен; я лепей за цябе ведаю.

Марыля (пасоўваючыся з услончыка к нагам Паніча). Панічок! Я цябе дзіцянём пры сваіх грудзях выпесціла, выняньчыла!.. Я ж цябе магла ўтапіць, задушыць, але ты жывеш і цвіцеш. Не забівай жа ты мяне і адваражы, вярні мне маю Зоську! І ў цябе матка была...

Паніч. Позна ўжо, цётка!

Марыля. О, чаму лепей не плыла атрута з маім малаком у той час, калі...

Пры апошніх словах Паніча ўваходзіць С ы м о н з тапаром у руках, якім увесь час пакручвае. Зоська першая ўгледзела Сымона і адышла ўбок.

З'ява VII

Тыя ж і С ы м о н .

Сымон. Эгэ! Шчырая малітва, відаць, адбываецца перад панічом.

Марыля ўстае і адыходзіць убок.

З о с ь к а . Гэта мамка так сабе! Прасілі паніча, каб пазволіў яшчэ час які тут пасядзець.
С ы м о н . А ты прасіла, каб ён табе пазволіў там, у яго, ночкі праседжваць.
П а н і ч . Ты, мой міленькі, азвярэў і не помніш сам, што кажаш. Ведай тое: што кіўну я толькі пальцам, і ты зараз жа зазвоніш ланцугамі за напад на маіх людзей з тапаром, калі ягамосця з хаты выпрошвалі.
С ы м о н . Ведаю, ведаю! Але пакуль гэта мая сястрычка не абрыдне памічу, то ён на яе брата і на матку не кіўне нальцам.
З о с ь к а (увесь час сочыць за Сымонам і тапаром). Братачка! Нашто ты сваю сястру так у балота топчаш? Яшчэ і паміма цябе яе людзі натопчуцца! Кінь дакучаць панічу і мне: гэтым бядзе не поможаш!
С ы м о н . Ха-ха-ха! Можа, на калені скажаш стаць і маліцца перад ім? (Да Паніча.) Чаго, паніч, прыйшоў сюды? Ці ж табе мала, што яна туды, пад твой палац, бегае? Ці ж табе гэтага мала?
П а н і ч . Я прыйшоў табе сказаць: дакуль вы будзеце сядзець на маім полі?
С ы м о н . Я не на панічовым сяджу, а на сваім, і ніхто мяне згэтуль не згоніць!
П а н і ч А закон нашто?
С ы м о н . Я і чакаю закону: суд будзе, і праўда верх возьме.
П а н і ч . Каб за табой праўда была, то не сядзеў бы гэтак пад голым небам.
С ы м о н . Нашто ж нас да гэтага давёў? Нашто хату раскідаў?
П а н і ч . Бо з майго лесу была пабудавана.
С ы м о н . А хто будаваў гэтай вось сякерай? (Трасе сякерай.)
З о с ь к а (становіцца між Панічом і Сымонам). Братачка! Адна сякера пабудавала, а другая раскідала, - прычым жа тут паніч? Ён яе ніколі і ў рукі не бярэ.
Уваходзіць Д а н і л к а .

З'ява VIII

Тыя ж і Д а н і л к а .

Д а н і л к а (убок). А бач! І панічок прыйшоў к нам у госці! Толькі чым мы яго пачастуем? (Да Паніча.) Пахвалёны Езус, панічу! А я маю да цябе важны інтэрас: пазыч ты мне жыл на струны і конскага хваста на смык, бо скрыпачку сваю зараз такі змайструю, а іграць не будзе як. Пазыч, панічок! Як разбагацеюся, тады аддам.

С ы м о н . Ты б лепей сабе вяроўкі на пятлю папрасіў - гэтага скарэй у людзей дастанеш.

П а н і ч . Табе б з ахвотай яе пазычыў...

С ы м о н (панура). Так, як і бацьку.

З о с ь к а . Панічок, не крыўдуйце на яго! Ён не такі нягодны, як хоча паказацца. Ён з часам пераменіцца і будзе табе служыць, ох, як верна служыць! Тваё полейка араць, тваіх конікаў даглядаць, тваіх дзетак вазіць. А мы з мамкай дабрыцо будзем жаць, для цябе, панічок, жаць! Дык не крыўдуйце на яго!

П а н і ч . Я не ведаю, хто тут пан - я ці ён?

С ы м о н . Ніхто!

Д а н і л к а . Ты, Сымонка, як я віджу, толькі вадзішся з панічом, а не пагаворыш, як на гаспадара прыстала, аб важнейшых справах. Тату сягоння пахаваў, а крыжа і не паставіў. Папрасі ў паніча дзерава на крыж.

П а н і ч . На гэта ў мяне лесу хопіць. Можаце колькі хочучы з майго дзерава ставіць крыжоў. Без просьбы - пазваляю.

С ы м о н . Замнога ласкі!.. Я сам стану крыжам на бацькавай магіле і буду вечна сцерагчы, каб твае плугі не разрылі яе, як тапары твае сцены гэтыя!

П а н і ч . Вар'ят! Ці ж не твае рукі гэта рабілі і робяць? Падумай толькі! (Шыбка выходзіць, пасвістваючы.)

Д а н і л к а (услед яму). А па жылы і хвост я прыйду да паніча. Скажы толькі сабакі прывязаць!

З'ява IX

Тыя ж без **П а н і ч а** .

З о с ь к а (да Сымона). Ты ўгнявіў яго, Сымонка. Пазволь - я пабягу і перапрашу. (Меціцца бегчы.)

С ы м о н (сціскаючы тапор і загароджваючы дарогу). Толькі кранісяў той бок!..

Зоська з плачам апускаецца на зямлю. Сымон, кінуўшы тапор, садзіцца на ўслончыку і апускае галаву на далоні. Данілка выцірае рукавом вочы.

П а в о л і   а п у с к а е ц ц а   з а с л о н а

АКТ ТРЭЦІ

З'ява I

М а р ы л я адна.

М а р ы л я (сядзіць і шые торбу). Ох! охо! Не судзіла долечка скарыстаць з свайго дабрыца, як усе добрыя людзі карыстаюць. Падумаць толькі! Добры быў лянок; палола яго, рвала, слала, а як улежаўся — сушыла, мяла, удваіх з Зоськай нітачку па нітачцы вывелі... па Грамніцах кросны паставіла... колькі сценак наткала... На кашулі сабе, нябожчыку і дзеткам ткала. Звалілася бяда, і ўсё пайшло марна: заместа кашуль — торбы шыю! Эх! эх! Сабе і дзецям — жабрацкія торбы. (Задумваецца.)

З'ява II

М а р ы л я, З о с ь к а, д з е ц і.

З о с ь к а (уваходзіць з пукам васількоў, за ёй — дзеці). А ты ўсё шыеш, мамка?! Кіньце!.. Жудка мне становіцца ад гэтага твайго шыцця. Мне здаецца, што ты нам, усім жывым яшчэ, смяротныя сарочкі шыеш. Кіньце, мамка, гэту сваю няшчасную работу! (Садзіцца і ўе вянок, каля яе — дзеці.)
М а р ы л я (пры ўваходзе Зоські далей шые). Гэ! мая родненькая! А хто будзе шыць? Ты, можа? Што ж мяне, цябе (паказваючы на дзяцей), іх — усіх нас чакае? Што? А пашыць трэба шмат, ох, як шмат гэтых сховаў на крошкі ад людскога стала! Старац, які ў нас быў тады — помніш? — казаў, што, чым больш на жабраку торбаў, тым лепш такога дораць. Няпраўда, можа, скажаш? Га?
З о с ь к а. Мы яшчэ не жабракі, мамка!
М а р ы л я. Але не сягоння, то заўтра, пазаўтра будзем імі. Такая ўжо, відаць, нашага брата доля, і нам не мінуць гэтага. Падумай толькі! Сымон раз'юшыўся і думаць не хоча, каб даваць якую раду ў гэтым беспрыпынні — усё суду нейкага чакае. А ты, а ты толькі яшчэ смалы падліваеш у гэты агонь, адкуль усе нашы няшчасці ідуць.
З о с ь к а. Мамка! Я толькі хачу гэта няшчасце на шчасце змяніць.
М а р ы л я. І ўсё штораз большую пропасць капаеш між імі

33

і намі, у якую ніхто іншы, а ты, усе мы ўвалімся і не вылелем ніколі, як з вечнага балота. Эх! эх! Абое вы, дзеткі, пропасць гэту самі сабе капаеце, абое: Сымон — сваёй дзікай заўзятасцю, а ты — сваёй шалёнай прыхільнасцю. Бацькі вашы іначай жылі!

З о с ь к а . Але, але, мамачка,— іначай!.. Затое ж вось і торбачкі ты гэтыя шыеш ды на мяне з Сымонам наракаеш.

М а р ы л я (не слухаючы). Губіце вы сябе, мяне, гэтых малых. Моцны мой Божа! Адно зверам глядзіць на ўсё і волі нікому ніякае не дае, а другое няславу на ўсю радню ўзводзіць.

З о с ь к а . Мамачка! Што ты да мяне маеш? Я ратаваць усіх вас хачу, хоць мо і гіну сама. Ды пачым я знаю, што са мною творыцца? Можа, нехта нейкія чары неразгаданыя над намі ўсімі завесіў і мяне, пасля таты, выбраў сабе за першую ахвяру? Пачым я знаю? Не думайце, мамачка, што я такая, як табе і Сымону здаецца. Але што ж? У вас свая праўда, у мяне свая. Жыццё свае кросны жалобныя тчэ і будзе ткаць, пакуль яму самі людзі не дадуць асновы з вечнай праўды і братняга мілавання, а ўтоку — з вечнай шчаслівасці і радасці.

М а р ы л я . Э! пачала ўжо плот гарадзіць, каб за ім з сваім бяссорамствам схавацца! Сказала б адразу, што прадалася ў злыдневы рукі самахоць — і ўсё тут табе! Але не! Трэба яшчэ ўсялякай брахнёй мазгі другім марочыць. Маткі, мая родненькая, не ашукаеш.

З о с ь к а . Ты, мамка, сама сябе ашукваеш, гэтак думаючы. Усе людзі самі сябе ашукваюць, а ім здаецца, што хто другі таму прычынай. Але кіньма лепей, мамка, гэту спрэчку! Гляньце — якое прыгожае неба на захадзе! Там, на гэтым небе, мы калісь жыць будзем. І не будзе там ні такое хаты разваленае, ні людзей такіх нягодных: будзе там адзін вялікі дом для ўсіх чыста, а ў ім будуць жыць іншыя людзі, як тут на зямлі, — будуць усе паміж сабой браты ды сястрыцы родныя. Праўда, мамка!

М а р ы л я . Але пакуль табе прыйдзе пара туды ісці, я цябе і твайго гэтага пракляну сваім матчыным словам.

З о с ь к а (сашчэпліваючы рукі). Мамачка! Што хочаце рабіце са мною, толькі яго не чапайце; ён Богу душой не вінен, як і я ні ў чым благім не вінна. Усё гэта няпраўда.

М а р ы л я . А чаму прысягаць не хацела? Га?

З о с ь к а . Бо... бо я не ведала і не ведаю, што праўда, а што няпраўда, і што грэх, а што не грэх!

М а р ы л я . То ён чаму сказаў: «Позна, цётка!»?

З о с ь к а . Бо і ён таксама нічога не ведае.

Уваходзяць С ы м о н і Д а н і л к а, нясуць з сабой па куску дрэва на крыж, кладуць пасярод сцэны.

З'ява III

Тыя ж і С ы м о н, Д а н і л к а.

Д а н і л к а (кінуўшы палена). Бяда мне з гэтым Сымонам! У мяне свае работы гібель, а тут памагай яшчэ яму крыж рабіць. (Садзіцца і возіцца са скрыпкай.)
С ы м о н (кінуўшы палена накрыж Данілкаваму, панура). Тую рабіну ссек, на каторай бацька... Ёмкі будзе крыж. Збольшага абчасалі і запілавалі з Данілкам, засталося толькі трохі абгладзіць, і ўсё будзе гатова. Ці не бачылі дзе струга?
З о с ь к а (устаючы). Я недзе, братка, яго бачыла. Зараз знайду! (Находзіць струг і аддае Сымону.) Можа, што памагчы табе?
С ы м о н (стругаючы крыж, стаўшы на каленях). Нічога не трэба! Бачу, што часу не маеш: вяночак пляцеш, завіваеш. Дык пляці, завівай, як добрыя людзі адны другім вяровачкі плятуць, завіваюць!
З о с ь к а (садзіцца і далей уе вянок, убок). Мамка проці мяне, брат проці мяне, а хто ж за мяне заступіцца?
Д а н і л к а. Вось дык пайшла ў нас сягоння работа! Зоська вянок уе, Сымон крыж робіць, мамка торбачкі шые, а я скрыпачку раблю. Дзівіцеся, людзі!
М а р ы л я (да Сымона). Пад вечар, як вас усіх тут не было, прыходзіў ізноў той і казаў, каб дарма не ішлі яму наперакор. Хату ў дварэ дае і цябе з Зоськай бярэ на службу.
С ы м о н (горача). Нічога не трэба, нічога! Раз сказаў, каб мне аб гэтым і не ўспаміналі. Ласка іх да парога, толькі да парога. У вочы лісам сцелецца, а як сышоў з воч, дык і з памяці проч! Не трэба! Сам усяму рады дам! Адбудую хату нанова, гаспадарку нанова завяду. Жыццё пачнем новае. Вось толькі крыж паставіць і разбору дзела дачакацца! Не там, у іх, а тут наша месца. Ніхто нас адгэтуль не згоніць і не выстрашыць, каб хоць самога Люцыпара на помач выклікаў. Спакон вякоў усё гэта наша было, есць і будзе. Мы не прыблуды якія, што чужым потам жыўлюцца. Мы не маем права і кроку даць адгэтуль у тую старану. Хай яны к нам ідуць, а не мы к ім!

Данілка. Не вытрываеш — пойдзеш!
Сымон. Так! Але! Можа, і праўда, можа, нават і пабягу. (Загадліва.) Але як і з чым?..
Марыля. Пакуль ты свайго дапнеш, што мы есці будзем? Ні сам не ідзеш нікуды ў заработкі, ні другім не пазваляеш. На мяне, матку тваю, і на гэтых малых не маеш Бога ў сэрцы. Эх! Сымон, Сымон! Губіш ты сябе і нас усіх.
Сымон. Не бойся, мамка! Не згублю! А калі і згінем мы, то цэлы свет аб гэтым даведаецца, і праўда наверх выйдзе. Адно гора, што вы мне ўва ўсім пярэчыце: ты сваім заўсёдным нараканнем, а яна, Зоська, сваёй к таму ліпкасцю ўпапярок дарогі мне становіцеся і топчаце тое, што я хачу сеяць.
Зоська (падыходзіць к Сымону і кладзе яму руку на плячо). Эх, мой ты братачка родны! Горды, непакорны чалавек з цябе выйшаў! Птушкаю-арлом быць бы табе і лётаць па паднябессі, як лётае вецер гэты вольны! Толькі ж бяда — крылле не дадзена табе, саколе ты мой заркавокі. Не кажы, браток, што я тапчу тое, што ты сееш. Хто ведае — можа, ты горай сваёй гордасцю топчаш тое, што сею я сваім сэрцам дзявоцкім? Хто ведае?
Сымон (панура). Бацькаўская магіла і крыж гэты ведае!
Зоська. Непераменны ты, братка! Спапяліць гэта гордасць табе душу і сэрца, у попел аберне. А злосць людская апаганіць тваю добрую славу, і нічога ты не дакажаш сваім праціўленнем цэламу свету! Не сягоння, то заўтра пойдзеш па таей сцежцы-дарожцы, па якой усе людзі ідуць. Уломяць цябе, апусцішся і загінеш.
Сымон. Але сам я самахоць не загіну, мяне сіла большая загубіць, а ты па сваёй ахвоце сама сябе аддаеш на гэту загубу, на глум вечны!
Зоська (адыходзячы ад Сымона, убок). Божа! Як жа мне цяжанька тут жыць! (Садзіцца і ўе вянок.)

Паўза.

Данілка. Крыж рабіць робіш, а на чым яго павяжеш?
Сымон. Не бядуй па гэтым! Не пайду каня вымаліваць ні да суседзяў, ні там, да іх! На сваіх плячах павязу — яшчэ датрываюць, хопіць сілы. Як сам на сабе завалаку — болей радасці спраўлю таму, хто будзе спаць пад гэтым крыжам, а сам буду ведаць тое, што нікому не кланяўся, перад нікім не жабраваў.
Данілка. А каму ж гэта мамка торбы шые?

Сымон. Шые, бо не мае чаго рабіць. Але як пашые, то я што да адной папалю!

Марыля. Пакуль ты, дзеткі, прыбярэшся паліць, то яны самі спарахнеюць на мне, на гэтых малых, а мо і яшчэ на кім. Вось адна торбачка і гатова! (Падымае на руках, разглядае.) Здаецца, добра будзе — не мала і не вяліка, толькі яшчэ вяровачкі прывязаць. (Шукае і прывязвае.)

Сымон. Эх, кіньце, мамка, дзяцініцца! Душу ў мяне хочаце вырваць без пары — больш нічога! Не дасцё спакойна нават крыж гэты кончыць.

Марыля. Што, дзеткі? Я ж нічога! А што запас бяды не чыніць, то ты сам добра гэта ведаеш і разумееш.

Сымон (да Данілкі). Паглядзі, Данілка, якога крука крыж збіць, бо ўжо ўсё гатова — абгладзіў.

Данілка (шукае з сякерай, находзіць крук у бервяне і выдзірае). Вось зараз табе гэты кручок выдзеру: тата за яго — як віў путы — пяньку чапляў. (Падае крук Сымону, той абчэсвае і збівае крыж.)

Зоська. Калі ж ты панясеш яго, Сымонка?

Сымон. Калі? Сягоння! А нашто табе ведаць?

Зоська. Так сабе, пытаюся. Але ж гэта ўжо вечар на дварэ: поначы несці будзе нягодна?

Сымон. Няпраўда! Поначы лепей з крыжам ісці. Ніхто цябе не чэпіць і не зняважыць. Уночы, апоўначы панясу, але не ўдзень, бо ўдзень яшчэ і крыж мне выдзеруць, як выдзерлі з сэрца і душы ўсё добрае і светлае. Уночы пайду з крыжам на магілкі, як відма якое з таго свету, каб аж нябожчыкам жудка было! Адзін тата мяне мой пазнае і радасна выйдзе ка мне на спатканне, — падзякуе за крыж і бласлаўленне сваё дасць мне на далейшую вытрываласць, на далейшую барацьбу з нядоляй. Бо ён, тата наш, інакшы, як усе нябожчыкі: ён не лёг з імі ў адным месцы, а зусім асобна захаваўся ў сырой маці-зямельцы. І крыжык яму панясу я ўночы, а не ўдзень, як гэта ўсім носяць і стаўляюць.

Марыля. Я з табою пайду, сынок! Яшчэ ж ні разу я, грэшная, не змагла сцягацца на яго магілку.

Сымон. Добра, мамка, панясем з табой! А ты, Зоська і Данілка, астаніцёся пільнаваць малых і хаты.

Данілка. Каб ты мяне і гвалтам гнаў, то я не пайду ўночы ды яшчэ з крыжам. Каб яшчэ ваўкі дзе з'елі або нябожчыкі напужалі.

Зоська (падыходзячы да Сымона). А ты пазволь мне,

братка, ісці туды разам з вамі! Як ты і мамка пойдзеце, мне будзе страшна аднoй тут сядзець. Мне здаецца, што нейкае няшчасце мяне тут спаткае, як без вас астануся.
С ы м о н . Не адна будзеш! Малыя, Данілка разам будуць.
З о с ь к а . Яны спаць лягуць, а я, як цень, буду снаваць тут сама адна. Баюся я гэтага папялішча раскапанага. Мне тут зданні ўсялякія здаюцца. Вазьмі мяне, братка, з сабою! (Да Марылі.) Мамачка, вазьміце мяне — я несці памагу крыж вам!
С ы м о н . Перастань лезці ў вочы! Не твая работа крыжы насіць або за імі хадзіць.

Чуваць здалёк дажынкавую песню. Сымон падымае крыж і стойма дзержыць яго пры сабе. Усе нейкую мінуту слухаюць песню.

З о с ь к а . Ха! Дажынкавую песню пяюць!
С ы м о н . Але! Дажынкі ў дварэ!
М а р ы л я . Відаць, к сабе дамоў ідуць.
С ы м о н . Але! Але час і нам ужо ісці!
М а р ы л я (закручваючы хустку). Час, дзеткі!

С ы м о н узвальвае на плячо крыж і выходзіць, за ім М а р ы л я ; Зоська памыкаецца таксама ісці, але варочаецца і канчае плясці вянок.

З'ява IV

З о с ь к а , Д а н і л к а , д з е ц і .

З о с ь к а . Пайшлі! Не ўзялі мяне з сабой. Нават слаўца добрага не сказалі. А так хацела з імі ісці, так хацела! Самі крыж панеслі.
Д а н і л к а . Э-э! нацешышся яшчэ, Зоська, з крыжа! Пачакай трохі. Мне ўжо крыж пачынае балець, — мусіць, з працы каля гэтае скрыпкі — будзе і табе тое самае!
З о с ь к а . Маўчы ты ужо лепей, Данілка, аб гэтым! Лепей скажы вось, калі ты, урэшце, скончыш гэту скрыпку сваю?
Д а н і л к а . Тады, як ты зносіш вяночак, што цяпер пляцеш.
З о с ь к а . А скуль ты ведаеш, што я буду насіць?
Д а н і л к а . Фі! Каб я ды не ведаў? Я нават ведаю, калі ты

яго зносіш, а значыцца, тады і скрыпачка гэта мая будзе ўжо гатова.

З о с ь к а . Калі ж гэта па-твойму будзе?

Д а н і л к а . Тады, як ты сцежкі ў двор не ўбачыш!

З о с ь к а . Што ж гэта я, значыцца, аслепну!

Д а н і л к а . Можа, і аслепнеш. Але ты і ўжо не ўсё бачыш. Эх, Зоська! Шкода мне цябе. У мамкі і Сымонкі ласкі не маеш, а і там, дзе ты думаеш ласку знайсці, дабро цябе не чакае.

З о с ь к а . Чаму ты так гаворыш, Данілка?

Д а н і л к а (не слухаючы). Няхай сабе кажуць, што я дурнаваты, што я такі, што я гэтакі, але я ўсё бачу і ўсё разумею. Не хачу толькі наверх вылазіць з сваім розумам, бо з ім цяперашнім светам далёка не зойдзеш. Дурнаваты Данілка ці зусім дурны — малы клопат! А толькі што менш яго чапаюць і дрэнчаць, як якога разумнага, то гэта напэўна магу сказаць, бо не ведаюць, чым дасаліць яму, бо Данілка з усяго смяецца. А што ж вы, разумныя? Хоць бы ты, Сымон? Таўпехаецеся, як Марка па пекле ці як мухі ў смале, і больш нічога. Кожны вас шчыпе, кожны вас ашукае, кожны вас, як-то кажуць, б'е і плакаць не дае. А каб вы былі дурныя, то хоць бы вас і дрэнчылі, але затое не так моцна, бо не так бы вас, дурных, баяліся, як баяцца цяпер вас, разумных.

З о с ь к а . Да чаго ты ўсё гэта чаўпеш?

Д а н і л к а . А хоць бы да таго, што твой паніч, як адбудзецца з намі суд, едзе кудысь за мора жаніцца.

З о с ь к а (выпусціўшы вянок з рук). Як гэта?.. Што ты кажаш?.. Паніч будзе жаніцца!.. Як гэта — жаніцца?..

Д а н і л к а . Як будзе жаніцца?.. Так, як і ўсе добрыя ці нядобрыя людзі жэняцца. Ужо ж не так, як...

З о с ь к а (перабіваючы). А што ж мне з таго? Няхай жэніцца! Вялікая мне бяда! Ці ж ён мой жаніх ці каханак?..

Д а н і л к а . Дзеля каго ж ты гэта ў вяночак убірацца сягоння манішся? Ну, але мне спаць хочацца! (Да дзяцей.) Пойдзем, малыя! Хто спіць, той не грашыць. Я сягоння абраў новае лежа для спання: на маё шчасце, забыліся будку сабачую раскідаць, дык на месца Лыскі нашага я з вамі, малыя, пасялюся. (Хоча выходзіць.)

З о с ь к а (змагаючыся з сабой). Данілка! Ці гэта праўда, што ты казаў? Ці гэта праўда?

Д а н і л к а (адвярнуўшыся). Вось, на табе груцы з бобам! Дурны сказаў, а разумны і паверыў.

Зоська. Дык гэта ты мне наманіў?
Данілка. Ведама — наманіў! Ці ж я ўжо такі, без усіх клёпак у галаве, каб разумным праўду гаварыць? Спі, сястрыца, спакойна. (*Выходзіць.*)

З'ява V

Зоська адна.

Зоська. Та-а-к! Пэўна, што гэта няпраўда. Але што са мной робіцца? Аб чым гэта я думаю? Так ці сяк, сон мой залаты павінен развеяцца; чары туманныя скончацца, і я, такая як цяпер, скончуся. Заместа мяне будзе другая нейкая мара цягнуць далей лямку свае новае долі. Гарыстым і пясчаным шляхам будзе яе цягнуць, як сібірнік тачку, пакуль аж сама сябе не дацягне туды, адкуль не варочаюцца... дзе тата... да магілак! Бр! Што я думаю? Як жа гэта ночка заўсёды нейкай чорнай і страшнай птушкай кладзецца на мае думкі! Звядуць гэтыя ночы, гэтыя чорныя птушкі няшчаснае жыццё маё ў цьму непрагляднyю! З сілы выбіваюся ў змаганні з гэтым безграничным сумам, што вакруг мяне сцелецца і жудкімі вачамі глядзіць у мае маркотныя вочы. Ха! Уцяку ізноў адгэтуль і буду блукацца да самага белага дня там — дзе ён, дзе яго, свайго ненагляднага каралевіча, спаткаю. Буду далей сніць пры ім дзіўную повесць свае моладасці, чароўнічую казку свайго шчасця; песню буду пяяць набалелага сэрца і расплаканай душы! Пайду к яму ў вяночку гэтым. (*Прымярае.*) Але! Як у кароне, з'яўлюся к яму і звешу галаву сваю гаротную на грудзі яго лебядзіныя. (*Чуваць шорах.*) Што гэта? Нехта ідзе! Данілка, гэта ты? Божа! Як страшна! Такі ж нехта прыбліжаецца! (*Прытуляецца к дзераву.*)

З'ява VI

Зоська, Незнаёмы.

Незнаёмы (*з вехай у руках*). Не пужайся, сястра мая! Я свой чалавек, хоць і прыходжу не званы, не сланы.
Зоська (*перапужаная*). Хто ты?.. Хто вы?..
Незнаёмы. Хто я? А ўжо ж чалавек! А што болей трэба ведаць, калі толькі не гэта?
Зоська. Я тут адна!.. нікога нямашака дома. Дык чаго ж

вам трэба?.. Можа, начаваць? Але, як бачыце, у нас няма як...

Незнаёмы. Мне нічога не трэба, сястра мая. Я не з тых, што толькі прыходзяць, каб што ўзяць, а з тых, што з сабою нешта добрае прыносяць.

Зоська. Але калі я вас баюся, чалавеча! Вы нейкі такі дзіўны!

Незнаёмы. Не бойся, сястра! Я ліст, адарваны з таго самага дзерава, што і вы, што і многія мільёны падобных. Вецер свабодны прынёс мяне сюды, на вашую руіну. Хацеў бы з табой і з братам тваім аб важных справах пагаманіць.

Зоська. Я ж вам казала, што нікога няма дома, а я сама нічога не ведаю.

Незнаёмы. І нічога, сястра, ведаць не трэба, а што трэба — я скажу, а ты гэта брату перадай... Слухай, сястра! Склікаецца сход вялікі, і ўсе браты і сёстры павінны на гэны сход з'явіцца.

Зоська. Хто склікае?

Незнаёмы. Сам па сабе склікаецца. Ніхто не ведае, ад каго наказ такі выйшаў, а ўсе, дзе толькі кліч дабег, уздымаюцца і ідуць, як мурашкі, ідуць!

Зоська. А калі хто не пойдзе?

Незнаёмы. Хто самахоць не пойдзе, над тым праклящце зависне, бо на сходзе жыццё мільёнаў будзе важыцца, а ў такіх вялікіх справах і адзін чалавек можа сабой сюды ці туды перацягнуць.

Зоська. То і я мушу ісці на гэны сход?

Незнаёмы. Але, сястра. Толькі старцы і дзеці ад яго звольнены.

Зоська. А куды ісці?

Незнаёмы. Сумленне і жаданне сабе і другім шчасця дарогу табе пакажа. У гэтым вяночку ідзі! Толькі трэба ісці, не азірацца, бо хто азірнецца — у слуп спячы заменіцца, якога і перуны пасля з месца не зрушаць.

Зоська. Та-а-ак! Я пайду, я мушу куды-небудзь ісці адгэтуль; тут так страшна, так страшна!

Незнаёмы. Ідзі, сястра! і брата за сабою вядзі, а я тым часам да іншых пайду кліч клікаць.

Зоська. Я скажу Сымону. Толькі, мусіць, суд наш пакуль не адбудзецца, ён не пойдзе на ніякі сход, пэўна што не пойдзе.

Незнаёмы. Але пасля суду хай прыходзіць. Дый яшчэ буду я ў вас.

З'ява VII

З о с ь к а адна.

З о с ь к а (садзіцца на зямлі). Які незвычайны чалавек! Казаў — яшчэ будзе ў нас. Але хаця б толькі не ўночы? А то так яго слухаць страшна, хоць заадно і хочацца слухаць. Штосьці нявысказанае цягне і к яму, і на гэны сход небывалы... Незвычайны чалавек! Не знай, не ведай — сястрой мяне называў! Чаму ён мяне так называў? Ха! Трэба ўцякаць адгэтуль, а то яшчэ хто другі такі прыйдзе і жудасці ўсялякае з сабою нанясе. Пайду! Пайду к яму, к свайму месяцу святлянаму, абаўюся каля яго, як хмель каля дубочка, і забудуся хоць на час на свае думкі трывожныя, на самую сябе беспрыпынную. Як ручэйку кужалю — распушчу касу сваю дзявоцкую па плячах сваіх белых... ён любіць мяне такую! (Распускае касу.) А цяпер палажу на галаву вяночак з васількоў, бо ён казаў, што мае вочы, як васількі, дык няхай жа васількі і на валасах маіх красуюцца! (Кладзе на галаву вянок.) Цяпер якраз буду русалка. Бо такі ж русалкай ён мяне сваёй заве, ды, пэўна, я калісь і буду ёю. Бо люблю гэта царства русалчына! Там яны сабе то, як рыбкі, у вадзіцы плюскаюцца, то ў лес выходзяць і на галінах калышуцца, як тыя кветкі-званочкі ўлетку на сенажаці. Шчаслівыя яны, гэтыя русалачкі, шчасця нашага дзявочага наследнічкі. Шчаслівыя і спакойныя! А тут мучся, дзяўчына, не ведаючы, як і што з сабой чыніць! Але пара ісці ўжо! Ён, залацненькі, даўно, пэўна, чакае мяне. Так! Даўно месячык свае зоркі чакае, а яна ўсё толькі здалёк яму ўсміхаецца. (Устае і памалу, з распушчанымі валасамі, ідзе, пасля здзіўлена адступае назад.) Ён сам ідзе ка мне, ён сам! Ах, якое шчасце!

Уваходзіць П а н і ч ; Зоська часіну любуецца ім, а пасля вісне ў яго на шыі.

З а с л о н а

АКТ ЧАЦВЁРТЫ

Час — позняя восень. З саду апала лісце. Сцюдзёна.

З'ява I

М а р ы л я, А л е н к а, Ю р к а.

М а р ы л я (увaходзіць з Аленкай і Юркам, сама нясе галлё, а Аленка з Юркам — бульбу ў прыполіках). Ціха, дзеткі, ціха! Зараз абагрэемся і павячэраем. (Кідае галлё.) А бульбачку сюды сыпце! (Дзеці высыпаюць.) Кажаце — халодна? Ну, дык зараз агоньчык вам распалю. (Распальвае.) Цяпер садзіцеся, дзеткі, і грэйцеся, а бульбінкі на агоньчык, на жарок кідайце, каб скарэй пякліся. Не бойцеся, яшчэ не замерзнеце і з голаду не памрацё, пакуль я тут жыву! Але пакуль што не так вельмі халодна. Во як прыйдзе канец восені ды зіма з снегам загуляе, тады — рэч іншая! Ну і тады нічога, дзеткі, нічога! Мінае лета, міне восень, зіма, а там і вясна прыйдзе. Цёпленька будзе, сонейка будзе грэць, траўка зелянець, птушачкі пяяць, садочкі цвісці... А цяпер грэйцеся, дзеткі, грэйцеся! Каб толькі Сымонка наш скарэй з суду вярнуўся.

З'ява II

Тыя ж і Д а н і л к а.

Д а н і л к а (падыходзячы к агню). А! як добра, што мамка разлажылі агоньчык і бульбачку печыцё, бо мне, праўду кажучы, дрыжыкі па целе так і скачуць, не раўнуючы, як смык па скрыпцы, а тут (паказвае на жывот) кішка з кішкой у такія між сабой кулачкі ідуць, што хоць ты ўрадніка кліч разбараняць іх! (Садзіцца і грэецца.) А-та-та! Як цёпленька! Страшэнна не люблю сцюжы! Так, здаецца, на гэты час закапаўся б дзе ў бярлог, як мядзведзь, і праспаў бы да самае вясны, бяда толькі, што на скуры мядзведжая шэрсць не вырасла!.. Мамка, чаму я не мядзведзь?

М а р ы л я. Бо ты дурненькая варона! Сам не ведаеш, што чаўпеш.

Д а н і л к а. Э-э! Каб я быў хоць варонай!.. Ужо б даўно са сваёй скрыпачкай наляцеў адгэтуль куды-колечы ў цяплейшую хату. Ало што з пустога ў парожняе пераліваць! Мо я трохі і мядзведзь, і варона, але ўсё роўна толькі — Данілка: на льва ці на сакала трудна пры цяперашніх варунках выкіравацца. Скончу скрыпачку — ужо нямнога засталося каля яе работы — і пачну сабе іграць. Каму — вяселле, каму — хрэсьбіны, а каму... Бяда толькі, што няможна іграць на хаўтурах, а то такога «Лазара» завёў бы, што хоць упрысядкі ідзі!

М а р ы л я . Ну, і дагаварыўся! Ці ж пад «Лазара» ідуць упрысядкі?

Д а н і л к а . А чаму ж не пайсці? Я сам першы пусціўся б. Мне, калі музыка зайграе, дык і ўсярэдзіне ўсё іграе, а ногі так і чэшуцца да падскаквання.

М а р ы л я . У цябе ўсё нялюдскае. Толькі б і скакаў там, дзе іншыя плачуць.

Д а н і л к а . Э! Бо скакаць не ўмеюць, дык і плачуць; як мокрыя вароны, сноўдаюцца, або як блёкату аб'еўшыся... Ну, хоць бы так, як наша Зоська.

М а р ы л я . А што — Зоська? Дзе ты яе бачыў?

Д а н і л к а . Дзе бачыў? Я з двара ішоў, а яна ў той бок цягнулася, распусціўшы валасы, як русалка якая.

М а р ы л я . Няшчасная дзяўчына! Дарэшты губіць яна сама сябе гэтай гульнёй непатрэбнай. Не кажы хаця аб гэтым Сымону.

Д а н і л к а . Камедыя — хто не ведае, а хто і ведае, дык усё роўна — камедыя. Чаго гэты Сымон хоча ад іх? Там зусім добрыя людзі жывуць. Вось, хоць бы я... Пайшоў сягоння да іх у пазыкі: прашу, каб далі жылаў ці кішак на струны і хваста на смык. Ну, яны мне так усё гэта і пазычылі, але толькі на струны дроту далі, бо кажуць, што ў іх кішкі і жылы ўсе выйшлі і няма ў запасе. Не кажыце толькі, мамка, Сымону, што я ў гэтыя пазыкі хадзіў туды, а то яшчэ з хаты вон выганіць.

З'ява III

Тыя ж і С ы м о н .

С ы м о н (уваходзіць і садзіцца. Панура). Ці няма чаго з'есці?

М а р ы л я . Зараз бульба спячэцца. Ну, што? Як?

С ы м о н . Усё прапала: мы прайгралі! Не даказалі сведкі, свае людзі не даказалі нашае даўнасці на гэту зямлю. Усе сведкі праз некага былі падкуплены і споены. Дванаццаць чалавек прысягнула крыва, і суд не мог уважыць нашага прашэння:

пацвярдзілі першы прыгавор і прысудзілі выносіцца адгэтуль. Аканчальную пастанову выдалі... далей няма куды падаваць.

М а р ы л я . Ну, і што ж мы цяпер будзем рабіць? Якую ты цяпер увосень раду знойдзеш?

С ы м о н . Якую раду? Якую раду? Ужо ж, як і не раз гэта казаў: не злажу сваіх рук, як да малітвы, і не пайду к ім прасіцца ў закутнікі! Будку якую да часу скідаю, і будзем сядзець тут да вясны, а да вясны шмат чаго можа перамяніцца на свеце.

М а р ы л я . Проці закону хочаш ісці — большай бяды сабе наклікаць?

С ы м о н . Не проці закону, а проці нашых згубіцеляў — крывапрысяжных сведак і проці тых, што гэтых сведак падкупілі іх жа крывавымі медзякамі. Вось такім проці хачу ісці!

Д а н і л к а . І-і! Адзін дурань грошы бярэ, а другі дурань дае — на тое гандаль.

С ы м о н . А ты — трэці дурань — ідзі гутарку вясці са сваёй скрыпачкай, а не тут!

Данілка адыходзіць у старану.

М а р ы л я . Што адзін зробіш проці ўсіх? Не ідуць, мой сынок, рэчкі ўгару і не круціцца крылле ў ветраку проці ветру. Не такой дарогай ішоў ты і хочаш далей ісці, ох, не такой. З самага пачатку я прадчувала, што нічога з гэтага твайго ўпорства не выйдзе, і што ж, ці не мая праўда? А трэ было пакарыцца! Давалі хату, службу давалі, і добра можна было прыстроіцца, хоць бы гэтыя малыя мелі які-такі прыпынак — цёплы начлег і лыжку гарачае стравы. Ты гэтага не захацеў — усё суду нейкага чакаў. Вось табе і суд!.. Хочаш будку нейкую паставіць?.. Ну, паставіш, і што з таго? Таксама прыйдуць, раскідаюць і выведуць сцюжаю ў чыстае поле на пацеху ваўкам галодным.

С ы м о н . Хай раскідаюць, хай выводзяць! Ізноў вярнуся, ізноў тут сяду і буду вясны чакаць.

М а р ы л я . Пакуль так дачакаеш вясны, — мароз табе і нам усім зубы выесць, у ледзякі аберне.

С ы м о н . Дык і што ж там такое? Абернемся ў слупы замарожаныя, у камяні няскратныя абернемся, а сэрцы тады нашы з сэрцам зямлі зрастуцца, і ніхто не паважыцца крануць нас, бо той, хто кране, сам у крыгу лёду абернецца, і ніякае сонца не раетопіць ужо гэтае крыгі!

М а р ы л я . Ты сягоння як не пры сваім розуме, Сымоне! Як

у гарачцы брэдню нейкую страшную вядзеш. Паслухай лепей, дзеткі, мяне, я ж цябе гадавала, пакарыся ты ім, — яшчэ не позна!
Сымон. Ха-ха-ха! Пакарыся! А ці ведаеш, мамка, што гэта значыць ім пакарыцца? ці хоць дагадваешся? Гэта, мамачка, значыць: прадаць, утапіць сябе, цябе, нас усіх у няволю ім на векі вечныя — запрапасціцца ў вечнае рабства, з якога выхаду ніколі не знойдзем ні мы, ні тыя, што пасля нас гэта рабства ў спадчыну атрымаюць. Ці ведаеш, мамка, гэта?
Марыля. Нічога я, дзеткі, не ведаю, але, як праз сон, дагадваюся, чаго ты хочаш. На сваю і нашу нядолечку такі ты ўдаўся. Нездарма з гэтага людзі старыя нічога добрага не варажылі ні табе, ні бацькам тваім, ох, нездарма!

Паўза.

Апомніся, сынок! Падумай, адпусціся, выкінь гордасць з сэрца і паслухай маткі! Ведай, што матка родная да здрады дзяцей сваіх не давядзе. Не хочаш сам к ім ісці — я пайду, мне, старой, усё ўвойдзе. Яны не адмовяць нашай просьбе, ды на Зоську ласку маюць.
Сымон. О, каб іх зямля не насіла з гэтакай іхняй ласкай!

Уваходзіць **Незнаёмы** з вехай.

З'ява IV

Тыя ж і **Незнаёмы**.

Данілка (утаропіўшыся, убок). А гэта хто яшчэ такі за прарок з вехай?
Незнаёмы (гаворыць, найболей зварочваючыся да Сымона). Тыдні тры таму назад я ў вас быў, добрыя людзі, толькі дома ўсіх не застаў — адна сястра была... Цяпер ізноў прыходжу з тым самым.
Сымон. А! гэта вы, мусіць, той самы, аб якім Зоська гаварыла? На нейкі сход людзей склікаеце?
Незнаёмы. Але, але! На вялікі сход! Пара ўжо і табе, браце мой, з свайго гнязда знімацца!
Марыля. Наша гняздо раскідана.
Незнаёмы. Суд твой, мне казалі, сягоння кончыўся, цяпер ты вольны, як птушка, — нішто цябе не вяжа.

М а р ы л я. Як-то — нішто не вяжа? А я — маці яго, а малыя гэтыя, якіх павінен памагчы мне гадаваць і ў людзі вывесці?..
Н е з н а ё м ы (не слухаючы). Годзе нацягаліся твае дзяды і прадзеды ношкі непасільнай! Выбіла гадзіна, і ты мусіш, як арол магучы, распусціць сваё крылле і ляцець туды, куды ўсе цяпер злятаюцца. Кончылася чалавечае вечнае начаканне, і світанне агністае пачынаецца на зямлі ад краю да краю, ад мора да мора!
Д а н і л к а (убок). Што ён чаўпе? Па-мойму, вечарэе, а па-ягонаму — світае. Ці я сляпы, ці ён не бачыць?
Н е з н а ё м ы. На крыжах магільных гараць свечкі грамнічныя, а на курганах адзірванелых вехі смалістыя палаюць і шляхі асвечваюць для ўсіх тых, што ідуць на гэна зборышча вялікае. Гора таму, хто будзе спаць у гэты час трывожны!
С ы м о н. Трудна зразумець вас, чалавеча! Скажыце ж мне хоць: нашто гэта зборышча склікаецца?
М а р ы л я. Але, нашто? Можа, зямлю будуць даваць?
Н е з н а ё м ы. Смока выганяць!
У с е. Смока? Якога? (Дзеці са страхам туляцца да Марылі.)
Н е з н а ё м ы. Не чулі?.. Ды дзе вам пачуць? Вы ўсе ў гэтых ламах капашыцёся, як чэрві, прыдаўленыя каменем, і свету белага не бачыце і нічога слухаць не ўмееце.
Д а н і л к а (убок). Ну, я-то пэўна б аб гэтым ведаў, але, мусіць, гэта брахня?
Н е з н а ё м ы. Ад даўняга часу пасяліўся на нашай зямлі ў заварожаным балоце страшны смок-упыр...
У с е. Аж нават упыр!
Н е з н а ё м ы. Але, але, добрыя людзі! І вось праз гэтага смока-ўпыра пайшлі на цэлы свет усялякія беды і няшчасці.
М а р ы л я. Няўжо ж гэта і нас праз яго гэтакае гора спаткала?
С ы м о н. Мамка, не перапыняйце гутаркі!
Н е з н а ё м ы. Пошасці ўсялякія сее жменяй сваёй каршуновай — гэта каб сіла народная не ўзвялічылася і яго не змагла, а туманы чорныя ў вочы ўсім пускае, каб людзі не бачылі яго. Поначы з хаты ў хату заходзіць і кроў з сэрцаў цёплую смокча, а ў душу яду свайго падлівае, каб яна прасветласці ніколі ніякае не бачыла. Дзе толькі яго хоць цень прашмыгнецца — там нянавісць страшная між братамі і сёстрамі, як вужака, разгнеждваецца, нявінная кроў на зямлю льецца, а путы жалезныя бразгаюць на руках чалавечых, як званы на ўсяночную.

Катнія жаданні ў думках людскіх расплоджвае і на самае сонца кладзе жалобную пакрывальню. Удоў і сірот у рабства голаду і холаду заганяе, а бацькам і маткам без часу дзетак назаўсёды ад грудзей вырывае, — гэта ўсё каб хвалу сваю смочую ўзвялічыць. Вось які ён — гэты смок-упыр!

Данілка. А скажыце, дзядзька: ці ты бачыў яго?

Незнаёмы. Ніхто не бачыў!

Марыля. Дык як жа гэта?

Незнаёмы. А вельмі проста: усе дагэтуль думалі, што гэта не смока работа, а так Бог даў.

Сымон. А як жа гэта будзе сход выганяць яго, калі ніхто і не бачыў?

Незнаёмы. Як усе чыста браты і сёстры на сход прыйдуць, тады ўсе і ўбачаць яго, бо, каб убачыць яго, — трэба ўсе вочы ў адно месца сабраць.

Данілка. А ён не паесць за гэтакую штуку ўсіх?

Незнаёмы. Ён толькі з'есць таго, у каго да канца не хопіць адвагі глядзець яму смела ў вочы.

Данілка. Ну, як так, то я на гэты сход не пайду!

Марыля. Дык, значыцца, і Сымона майго хочаце звабіць туды?

Незнаёмы. Я нікога, маці, не ваблю! Я толькі кліч клікаю і разношу гэтую весць усім чыста ад хаты да хаты. А хто яшчэ не згніў зусім і не запрапасціўся з душою ў смокавых лапах, — той сам пойдзе, і ніякая сіла яго не стрымае.

Сымон. Я не пайду, хоць мяне ўжо і цягне туды. Я павінен тут астацца, каб рукамі і зубамі трымацца гэтай спадчыны бацькавай, бо як згублю яе — месца мне на цэлым свеце не будзе.

Незнаёмы. Што ж, браце мой? Думаеш, што гэта лаціна зямлі скрозь дна праваліцца? Так ты думаеш?

Сымон. Не праваліцца; але як сыду — мяне назад сюды не пусцяць.

Незнаёмы. Не бойся! Без тваіх рук нідзе не абыдуцца.

Марыля. Як сабе хочаце, добры чалавеча, а я Сымона свайго ад сябе нікуды не адпушчу! Хай лепей думае, як хлеба і начлегу дастаць на зіму.

Незнаёмы. Не ўтрымаеш, маці, свайго сына, калі ў ім кроў разгарыцца і душу яго да святла пацягне. Пойдзе, хоць бы зямля перад ім расступалася. З запаленай паходняй пойдзе праз пяскі халодныя і праз лагі балотныя туды, адкуль я к вам з гэтай весцю прыходжу. Голас патаемны, што дагэтуль драмаў у глыбіні грудзей, павядзе яго так лёгка, што і не агледзіцца, а крыўда, якую бацькі яго цярпелі і ён сягоння цярпіць, падганяць будзе яго; можа, нават будзе гнаць яго на вельмі і вельмі страшэнныя рэчы. Але нічога — пойдзе і возьме сваё! (Паўза.) Што, Сымон? Час не спіць! Там чакаюць цябе сотні, тысячы, мільёны такіх, як ты, і ты, ведаю, на іх даўно чакаеш, толькі стараешся гэта заглушыць у сабе. Час прачнуцца, Сымоне! Час!

С ы м о н (звесіўшы галаву, як бы сам да сябе). Кінуць матку, кінуць зямлю і пайсці?! А ці знайду я там тое, што тут згублю? Ці знайду? Але штось цягне туды! Ачараваў ты мяне, чалавеча. На дзве палавіны разрываюцца мае думкі і душа мая. Як жа гэта неяк раптам прыйшло! Як жа мне загадала страшную загадку — ні тут застацца, ні туды пайсці?!

Н е з н а ё м ы. Час, Сымоне, час! Аглянісь кругом сябе і ўспомні ўсё. Дагэтуль ніколі ты сцежкі свае не бачыў, бо вечна нязмытыя слёзы на вачах тваіх віселі, хоць чырвоная кроў з цябе капала на сляды твае. Наганяў ты сабе мазалі непазбытыя, як араў і сеяў, а груганы пражорлівыя зярняты твае спелыя клявалі. Як нарадзіўся ты — штось думаў, штось рабіў, тварыў, а што? Нядолю сваю толькі з году ў год гадаваў і пашыраў панаванне яе. Песень і казак чароўных шмат табе матка над калыскай тваёй напяяла; яны доўга ў душы тваёй жылі і радавалі цябе, а што з іх сягоння засталося? Асмяялі, аплявалі іх табе нязваныя госці, мучыцелі твае — гора ды крыўда! Аглянісь, Сымоне! Успомні, разваж усё! Успомні матку, сястру сваю ўспомні, га! і тую вяроўку, на якой бацька твой павесіўся! (Шыбка выходзіць.)

З'ява V

Тыя ж без **Н е з н а ё м а г а**.

С ы м о н (як бы збудзіўшыся). Ах! Ён выйшаў ужо! (Хоча бегчы за Незнаёмым.)
М а р ы л я (хапаючы за руку). Сымонка! Куды ты, дзеткі?
С ы м о н. Пусціце, мамка! Я хачу папытацца, у якім месцы той сход склікаецца.
М а р ы л я. Не трэба! Не ідзі! Нашто ён табе? Я цябе прашу, дзеткі, астанься!
С ы м о н. Я толькі папытаюся і вярнуся назад.
М а р ы л я. Не ведаеш дзе, і не трэба! Нашто табе гэны сход

страшны? Я не пушчу на яго цябе! Не пушчу!

С ы м о н. Мамка, пусціце, я толькі даведаюся, і больш нічога!

М а р ы л я (віснучы Сымону на шыі). Усё роўна — не трэба! Там згуба твая і наша. Ах, божухна мой! Чаго яго, гэтага шалёнага клікача, прынясло сюды? Што яму трэба ад нас? Няшчасце за няшчасцем так і ідзе на бедную маю галаву! (Плача.)

С ы м о н. Чаго плачаш, мамка? Яшчэ ж нічога такога страшнага не сталася. Не плачце, мамка! Калі ўжо так хочаце, дык не пайду і пытацца нават.

М а р ы л я (апускаючыся на зямлю). Дабіваеце мяне! З усіх старон дабіваюць! Жыццё, якое ёсць, адбіраюць. Кара божая звалілася на ўвесь род наш. Ах ты, долечка мая няшчасная!

С ы м о н (адышоўшыся ў старану). А ўсё-такі мушу даведацца, дзе гэны сход склікаецца, каб там і немаведама што! І трэба ж было мне не папытацца ў яго? Ці не сказаў ён толькі часам Зосі гэтага? (Да Марылі.) Мамка! Дзе Зося?

М а р ы л я (відавочна манячы). Бог яе ведае! Недзе выйшла. Мусіць, ці не пайшла ў грыбы.

Д а н і л к а. Я ж табе, мама, казаў! Зоська пайшла... (Глянуўшы на матку, не дагаварвае.)

С ы м о н. Куды пайшла?

Д а н і л к а. А мусіць, у грыбы, як мамка казала, я не ведаю.

С ы м о н. Маніш! Добра ведаеш, а толькі не хочаш казаць, кажы! А то...

М а р ы л я. Нашто яна табе? Пайшла і прыйдзе. Ці ж першы раз?

С ы м о н. Першы ці не першы, а сягоння я мушу ведаць, куды пайшла. (Прыступаючы да Данілкі.) Кажы, шэльма, а не — то біць буду!

Д а н і л к а. Я ж табе кажу, што не ведаю. А біць мяне не маеш права: на тое маці ёсць.

С ы м о н. Яшчэ ён, жаба, будзе са мной абрыдацца! Калі пытаюся, то мусіш сказаць. Я старэйшы за цябе і не які прыблуда, а брат твой.

Д а н і л к а. Хоць ты і старэйшы, хоць ты і брат мой, а ўсё роўна, калі і ведаю, то не скажу! Што ж ты са мной зробіш?

С ы м о н. Выбрашаш усё, аж міла будзе, як юху гаду спушчу!

М а р ы л я (да Сымона). Кінь ты да яго чапіцца! Што з табой сягоння зрабілася?

С ы м о н. Калі пытаюся, то няхай кажа! (Да Данілкі.) Ну!

Чуеш ці не?

Данілка. А як жа! Чую! Нашто ж у мяне вушы?

Сымон. Ну дык кажы! А не — то, як бачыш, душу з цябе вымашаю.

Данілка. Не скажу!

Сымон. Скажаш!

Данілка. Хоць зарэж!

Сымон (хапаючы сякеру). Кажы, вужака! а то як стой на дробныя кусочкі скрыпку пашчапаю!

Данілка (хаваючы пад сябе скрыпку). І скрыпкі не дам шчапаць, і не скажу!

Сымон (вырывае з-пад Данілкі скрыпку і хоча сеч). Скажаш?

Данілка (кідаючыся к Сымону на каленне і цалуючы рукі). А брашачка, а родненькі! Пасячы лепей мяне самога на дробныя кусочкі, а скрыпку не чапай! Богам цябе прашу!

Марыля (адцягваючы Сымона). Ці не ашалеў ты сягоння!..

Сымон (баронячыся ад Марылі). Адчапіся, мамка! (Да Данілкі, замахваючыся тапором над скрыпкай.) Кажы!

Данілка (енчачы). Сымонка, брашачка! Не сячы! Лепей мяне забі, зарэж, што хочаш зрабі са мной, а скрыпачкі не чапай! Другой такой за ўсё жыццё не зраблю.

Сымон (ізноў замахваючыся тапором). Пасяку на дробныя шчэпкі! Кажы!..

Данілка (прыпадаючы галавой да скрыпкі). Сячы па маёй шыі, а скрыпачкі не чапай! Але ўжо скажу, скажу табе, дзе яна!..

Марыля (ухапіўшыся за сякеру). Давай мне сякеру! Давай сякеру! Я сама табе скажу, дзе Зоська.

За сцэнай шум; чуваць Зоськін голас: «Пусціце мяне... Я сама пайду. Пусціце». Д в о е д в о р н ы х л ю д з е й уводзяць на сцэну З о с ь к у з завязанымі назад рукамі.

З'ява VI

Тыя ж, З о с ь к а і д в о р н ы я л ю д з і.

Адзін з дворных людзей. Хацела каля палаца павесіцца, дык сказалі звязаць і сюды прывесці!

Зоська (хочучы вырваць з вяровак рукі, у страшным

мучэнні). Нашто рукі звязалі? Мамачка, браточкі, змілуйцеся, развяжыце! За шта так пакаралі?!

Марыля, Сымон, Данілка застываюць у сваіх позах не то здзіўленыя, не то перапужаныя. Дзеці падбягаюць і туляцца да Зоські. Д в о р н ы я   л ю д з і выходзяць.

П а в о л і   а п у с к а е ц ц а   з а с л о н а

АКТ ПЯТЫ

Час — каля «ўсіх святых». Вечар. Цёмна. Глуха. Заводзіць вецер.

З'ява І

М а р ы л я ,   Д а н і л к а ,   д з е ц і .

Д а н і л к а (увесь час выводзячы з перарывамі на сваёй скончанай скрыпцы сумную мелодыю). Мамка, уцякайма адгэтуль, а то ўжо і мне трудна вытрываць: так тут холадна, цёмна, страшна!
М а р ы л я (грэючыся з дзецьмі каля вогнішча). Як Сымон скажа, так і будзе, нічога я ў гэтым сваёй воляй парадзіць не магу.
Д а н і л к а . Усё Сымон ды Сымон! Ці ж без яго дык і абысціся няможна. Я ж нашто ў цябе?
М а р ы л я . Нашто? Пішчэць толькі на скрыпцы, ды і ўся з цябе тут рада і парада! Як цяпер во пішчыш ды пішчыш, хоць вушы затыкай.
Д а н і л к а . А ўсё-такі скажы, мамка, праўду: у гэтай скрыпцы лепшы голас, як у той, што раней у мяне была?
М а р ы л я . На той гудзеў, як авадзень, і на гэтай таксама выводзіш нейкае нешта паўтара людскога. Знайшоў калі музыкай займацца! Жалоба па бацьку яшчэ не адышла, з Зоськай такое няшчасце прылучылася, а ён — на табе! На скрыпцы выйграе.
Д а н і л к а . Мамачка, я ж нічога вясёлага і не іграю, а ўсё такое, як сама чуеш, што і па нябожчыках не грэх галасіць. Жалобная музыка, бачыш, у мяне выходзіць, а не якая іншая.
М а р ы л я . І толькі больш жалю задаеш, ажно толькі сэрца на кускі разрываецца. Думак сваіх не магу ў парадак прывясці.
Д а н і л к а . А якія там думкі? Узяў пастанавіў раз кінуць гэта беспрыпыннае прыпынішча, ну дык і што тут мазгі думкамі

сушыць. Сабраў свае манаткі, ды дай божанька ногі і здароўе!..

М а р ы л я. У цябе ўсё проста з моста, а клёку ў галаве і за грош не маеш. Ну, мы няхай сабе пойдзем — добра! А Сымон, Зоська? Як па-твойму здаецца: вырачыся мы іх павінны? Што?

Д а н і л к а. Няхай і яны з намі ідуць. Ці ж ім хто не дае?

М а р ы л я. А калі не хочуць?

Д а н і л к а. Дык іх аддзяліць трэба, калі ім кепска з намі жыць і калі цябе не ўмеюць слухаць.

М а р ы л я. Нашто іх аддзельваць! Яны самі даўно ўжо аддзяліліся ад нас, але толькі я — матка — ад іх не магу аддзяліцца і пакінуць іх тут без ніякага парадку і ладу. Ды што ты, дурненькі, разумееш у гэтым?

Д а н і л к а. Я толькі тое разумею, што ўцякайма адгэтуль, мама, ды ўсё тут! Есці няма чаго, хаты няма, скора зіма будзе, сцюжа, снег, мароз... Бр! Аж цяпер усяго да костачак холадам пераймае, як шпількамі жалезнымі. Замерзнем, мамка, запраўды замерзнем. На ледзякі абернемся, як Сымон казаў. А я не хачу быць ледзяком, бо як тады буду я на скрыпачцы сваёй іграць? То ж пальцы, напэўна, зусім падубянеюць, ды скрыпачку мароз пашчапае. А такая звонкая ўдалася, такая звонкая!

М а р ы л я. Але ж Сымон, Зоська!..

Д а н і л к а. Як Сымон не хоча з гэтым няшчасным папялішчам расстацца, то і бог з ім! Без яго дамо сабе раду.

М а р ы л я. То што ж з таго? Але ж ён і нас не адпускае?

Д а н і л к а. Дык ціханька ўцячэм ад яго, сягоння ўцячэм. Пакуль, ён вернецца, то нашага і следу не застанецца. Гэтага свайго сходу, што той дурны з вехай начоўп яму, можа і без нас шукаць, аж надта можа! Усё ж роўна мы яму шукаць не памагаем.

М а р ы л я. Казаў жа, што ўжо на след напаў, і скора ўсё скончыцца. Неўзабаве ўсю гаспадарку да ладу прывядзе.

Д а н і л к а. Чакай, баба, Пятра — будзеш сыр есці! Яму ў галаве ўсё дагары нагамі перавярнулася, а мы слухаць мусім і чакаць нейкае злыбеды, апошняга канца свайго.

М а р ы л я. Ну, а Зоська?

Д а н і л к а. Я Зоську ўгавару, і яна пойдзе з намі. Даліпан, пойдзе. Я зайграю ёй тую музыку, што паніч высвістваў, як у нас быў, — яна заслухаецца і пойдзе аж міла, куды я толькі з скрыпачкай пайду.

М а р ы л я (глуха). Куды ж мы пойдзем? З чым? Па што?

Д а н і л к а (горача). Самі з сабой пойдзем: ты з малымі, я з скрыпачкай. У свет, мамачка, па хату і хлеб пойдзем. Я буду іграць, ты пяяць, а малыя сваім плачам памагаць нам будуць. І такую вандроўку пачнём, якая яшчэ нікому і не снілася! Ад вёскі да вёскі пойдзем, ад двара да двара — аж у вялікі горад зойдзем, кажуць, ёсць такія гарады, ці месты, дзе дамы ўсе чыста, як печы, — з цэглы мураваныя, а народу там шмат, шмат! Цэрквы там золатам пакрыты, а ў цэрквах вялікія і маленькія божанькі стаяць і вісяць. Дарагое каменне з іх адзежак і каронаў так і капае на зямлю, буйна, як слёзы падчас ці град з неба. А народ к ім, гэтым божанькам, ідзе і ідзе, як вада плыве. Ад усялякіх болесцей вылечваюцца, ад няшчасцяў збаўляюцца, долю сабе лепшую вымаліваюць. Такія там, кажуць, мамачка, цуды творацца. (Цалуючы рукі Марылі.) Дык уцякайма адгэтуль, мамачка! Там будзе нам усім хараша і весела. Уцякайма! Ды нашто ж ты, мамка, торбачкі шыла?!

З'ява II

Тыя ж і С т а р а ц .

С т а р а ц . Слава Хрысту, добрыя людзі!
У с е . Слава! Слава! І цяпер, і на векі вякоў!
С т а р а ц . Што гэта ў вас парабілася, пані гаспадыня? То ж як вясной быў я ў вас, не так гэта мясціна выглядала!
Д а н і л к а . Яна ўжо і тады таксама выглядала, толькі тады яшчэ ў кучы трымалася, а цяпер рассыпалася.
С т а р а ц . Але, але, бачу! А дзе ж яшчэ ваша сямейка? — было ж болей.
Д а н і л к а . І тады, дзедка, такая самая была наша сямейка, толькі як сядзела ў хаце, дык болей яе выглядала.
С т а р а ц . Але, але, ведаю! Гняздо раскідалася, і птушкі разбегліся якая дзе-куды. Ведаю, ведаю! Сам я з такога гнязда.
М а р ы л я (падаючы хлеба кусок). Сядайце, дзедка, і памаліцеся за грэшную душачку Лявона.
С т а р а ц (здзіўлена). Што, пані гаспадыня? Памёр твой чалавек?
Д а н і л к а . Але, дзедка! Тата не вытрываў, узяў ды павесіўся.
С т а р а ц . Вечны супакой! Вечны супакой яго душачцы! (Моліцца.)
М а р ы л я . Адкуль жа гэта дзедку Бог прынёс да нас?
С т а р а ц . З свету, пані гаспадыня! З далёкага свету валакуся.

Хэ-хэ-хэ! З свету ў свет плятуся. І так кожны дзень і кожную ночку, калі дзе не начую.

Данілка. Мусіць, вялікі, дзедка, свет гэты? Ці канец яму ёсць дзе, ці няма? Я ні ў каго не магу гэтага даведацца.

Старац. Ох, вялікі свет, мой сынку! Куды я толькі ні хадзіў, нідзе канца яму не знайшоў, не бачыў і не чуў. Можа, дзе і ёсць яму канец — ды пэўна, што ёсць, бо адкуль жа б ветры нам Бог пасылаў, ды лета і зіму, цяпло і холад?

Данілка. Мусіць, добра жыць на гэтым свеце вялікім? Я ўжо мамцы казаў, што добра.

Старац. Там добра, дзе нас няма. Але мне ў маім жабрачым палажэнні ўсюды някепска. Што мне там, сынку, нягоднага можа быць? Ідзі сабе, куды вочы глядзяць, ані мяне хата свая затрымлівае, ані мяне радня звязвае, ані мяне зямелька свая к сабе цягне!.. Цэлы свет — хата мая, усе людзі — радня мая, уся зямелька — поле маё роднае. Усюды што-колечы ды свае знаходжу: ці кусочак хлеба, ці куток цёплы для начлегу, ці толькі так добрае слова — і за гэта дзякую богу! Іду сабе ды іду. Ні над чым не трасуся, нічога бараніць не маю: усё багацце са мною ў гэтых торбах — гэтыя акрайчыкі хлеба ды часам які кусочак сыру ці сала. І што болей трэба мне? Добра мне так. Смачна ем, спакойна сплю. Ведаю, што не акрадзе мяне злодзей, не аграбіць разбойнік. Усюды ласку маю — за душачкі жывыя і змарлыя маліцца просяць. Ведама, не ўсе мяне ахвотна прымаюць і любяць мяне, але гэта найболей такія, дзе сабак многа і дворні ўсялякае, — туды ж і заходзіць я не стараюся. А так — усюды добра на свеце, мой сынку, усюды!

Марыля. Мо і праўду, дзедка, кажаш, што табе няцяжка жывецца на гэтым свеце, але ў нас тутака дужа дрэнна. Як пайшло ад вясны няшчасце за няшчасцем, дык і радачкі знікуль ніякае нямашака.

Старац. Ведаю, пані гаспадыня, ведаю.

Марыля. Як бачыце — хату нашу раскідалі. Лявонка мой — як табе ўжо Данілка казаў — не перажыў, вечны супакой, гэткае несправядлівасці і рукі без пары сам на сябе налажыў.

Старац. Ведаю! Важны чалавек быў — гаспадарны і справядлівы быў. Колькі раз я ні заходзіў, заўсёды вока на мяне добрае меў. Вечнае яму спачыванне, і няхай зямелька для яго лёганькай будзе, а Бог найвышэйшы пляму з яго душачкі здыме, што налажыў сам на яе з роспачы.

Марыля. Вечнае яму спачыванне! А Зоську нашу таксама

знаді, дзедка? Такая дзяўчына была!

С т а р а ц . Знаў, пані гаспадыня! Чаму не знаў?.. Не адзін раз мяне і хлебам дарыла, і вадзічкі ў смагу давала. Апошні раз, як у вас быў, кветачак нават мне дала, — за панічова здароўе прасіла маліцца. Добрая дзяўчынка была. Хай Бог міласэрны за тое долечку ёй шчаслівую пашле!

М а р ы л я . Ох, дзедка мой! Не на радасць і не на пацеху яна ў мяне гадавалася. Дасціпная вельмі была і нейкая як сама не пры сабе. А з вясны, як прыйшло нешта ёй у галаву, як стала ў двор бегаць, як стала, дык цяпер як бы не пры сваім розуме засталася.

С т а р а ц . Ведаю я гэта! ох, чаму не ведаю? Моладасць яе згубіла, ды каго яна не згубіла!

М а р ы л я . А Сымонка мой таксама ці з розуму сышоў, ці хто яго знае, што з ім робіцца. Хоць забі яго — саступіць адгтуль не хоча і нам нікому волі не дае, няглсдзячы на тое, што ўжо апошні суд за гэту зямлю адбыўся, і мы на ім прайгралі. Ды яшчэ другая бяда з маім Сымонам прылучылася: прыйшоў сюды нейкі шалёны чалавек і нагаварыў яму аб нейкім смоку і зборышчы,— дык цяпер поначы ходзіць і зборышча гэтага шукае, не на дабро шукае! Ужо сталі яго і цемняком усе называць. Можа, і сапраўды ў цемнякі запісаўся — хто яго ведае? Сама я ніяк і розуму не прыстаўлю. Ці не чулі вы, дзедка, чаго аб гэтым сходзе?

С т а р а ц . І чуў, і не чуў, і нічога сам добра не ведаю, ды хто яго ўсё разбярэ, як следна. Цяпер такі на свеце між людзьмі несупакой расце, што не дай ты божачка! Дык, можа, дзе і збіраецца гэна зборышча, але дзе — нічога я не ведаю. Шмат чутак усялякіх, як і заўсёды, ходзіць паміж жывымі, шмат аб чым і добрага, і благога гаманяць, але што з гэтага ўсяго гоману выйдзе — ніхто акуратна не згадае. Слабы сталі цяперашнія людзі - кепскія вочы маюць, каб усё як належыцца бачыць імі, кепскія вушы маюць, каб кожны шорах пачуць і згадаць, адкуль вецер прыхільны вее, і кепскі розум маюць, каб ім раскумекаць усё чыста, дзе дабро іх чакае, а дзе зло. Так, так, пані гаспадыня! Слабы людзі. Нават якую маюць сілу, дык і тое не хочуць выказаць. Нейкі сон і страх усіх аплутаў.

Д а н і л к а . Праўда, дзедка! Мне тут вельмі страшна, але каб спаць хацелася тутака на холадзе, — дык гэтага не скажу.

С т а р а ц . То чаго ж седзіцё на гэтай руіне, калі вам тут страшна? Чаго чакаеце?

Данілка. А ўсё ж чакаем, пакуль Сымон сход той знойдзе.
Марыля. Падзецца няма дзе!
Старац. А дзе я падзяюся? Дзе пяты, дзесяты падзяецца такіх, як я, як многа іншых, падобных мне?
Данілка. Ну, месца гэтага то я яшчэ ўсё-такі добра не ведаю!
Старац. Як пойдзеш, сынку мой, у свет, то даведаешся. Днём сонейка сцежку пакажа, а ночкай — Шлях Млечны на небе. А ісці будзе лёганька-лёганька, бо вецер будзе цябе падганяць. І так будзеш шукаць ды шукаць таго месца, аж пакуль, не знойдзеш вечнага спачывання.
Данілка. А як хмарна будзе ды з дарогі саб'емся, — хто тады пакажа?
Старац. Добрыя людзі, мой сынку, добрыя людзі. А ісці вам трэба адгэтуль.
Данілка. Ды я ўжо мамцы казаў аб гэтым самым, але ўсё ўпіраецца яшчэ.
Старац. Нічога, пані гаспадыня, тут не выседзіш. Скінь пыху з сэрца ды йдзі адгэтуль. Не спадзейся на помач сына — ён ужо далёка ад цябе з сваімі думкамі і няскора к табе з імі вернецца. Сцежкі вашы разышліся і сойдуцца толькі тады, як ён, пабываўшы на тым зборышчы, якога цяпер шукае, вернецца к табе славай акрыты. А цяпер не чакай на яго і думай сама аб сабе. Бачыш — якая гэтая асенняя ночка страшная, а ты тут адна з сваімі малымі і гэтым няшчасным музыкам, што ігрой сваёй да слёз толькі даводзіць... Час, птушка-маці, знімацца з гэтага раскіданага гнязда, каб іншых сваіх дзетак убараніць ад благіх ястрабаў, ад якіх сілачкі ты не мела ўбараніць свайго Сымонкі і Зоські! Скінь пыху з сэрца, набярыся адвагі, забірай гэтых з сабой і ідзі, ідзі, куды ногі панясуць, куды вочы твае глядзець будуць!
Марыля. Ды я ўжо з самае вясны торбачкі для ўсіх шыла і шмат, шмат іх пашыла! Але Сымон, Зоська!.. Як жа мне пайсці без іх?
Старац. Не бойся, пані гаспадыня! Яны, калі не знойдуць таго, чаго шукаюць, каб у тваю хату шчасце прынясці, то вернуцца к табе тым самым шляхам, якім ты ад іх адыдзеш. Такі ўжо парадак на свеце паміж намі, людзьмі.
Данілка. Ну, і добры ж гэты парадак: прыкладам, я пайду шукаць грыбоў у лес, а вярнуся адтуль толькі з галінай асінавай.
Старац (цягнучы далей). Твой сын цяпер, можа, нават

шукае таго, чаго і не згубіў, але мусіць шукаць і павінен. Ганьба таму чалавеку, што рукі апусціць, як перавяслы, і чакае, пакуль сама доля к яму прыйдзе ў хату і папросіцца, каб прыняў яе з ласкі свае! Ганьба таму, хто, вочы на ўсё заплюшчыўшы, будзе ісці ўцёртай здавён сцежкай няпраўды і бясправя, думаючы, што іначай быць ніколі не можа і што не ў яго волі змяніць стары парадак бессумленнага жыцця! Ганьба таму, хто, радзіўшыся ў ярме, валочыць яго пакорна, як вол стары, не парываючыся нават хоць на час выпрагчыся з гэтага ярма, паганячага пачуццё яго чалавечае! Ганьба таму! Нам, старым, іншая рэч: мы не жывём, а толькі дажываем. Маладыя ж мусяць нечага шукаць, нечага дабівацца.

М а р ы л я . Дзедачка! Незразумелыя рэчы для майго жаноцкага розуму ты кажаш. Але ўсё ж такі, як бачу, нездарма я торбачкі шыла, ох, нездарма!

С т а р а ц . І сын твой калісь гэтага не разумеў, а можа, і цяпер не разумее. Але прыйшла пара, выбіла такая шчасная ці няшчасная гадзіна, і прабудзілася ў яго думка вялікая, важная, што так далей быць не можа, як ёсць, што яго штосьці пацягнула к нечаму няведамаму, але светламу і радаснаму, ну, і перавярнуўся ўвесь стары лад у яго беднай галаве. Твае песні і казкі, што пяяла і гаварыла яму калісь над калыскай, шмат у гэтым памаглі. Дык не пярэч жа і далей свайму сыну ісці той дарожкай, якую ён сам сабе абабраў і ідзе цяпер.

Д а н і л к а . Ды мамка яму нічога не пярэчыць, але ён сам сабе пярэчыць і нам не дае ніякага ходу, каб як з гэтае пусткі на свет божы выбрацца.

З'ява III

Тыя ж і З о с ь к а .

Зоська ўваходзіць, штось сумнае напяваючы; у зрэбнай спадніцы і кашулі — без каптана, грудзі расхрыстаны, валасы распушчаны і спадаюць па плячах, на галаве з пасохшага лісця вяночак.

С т а р а ц (адступаючы ў старану з мімавольнага перапугу). Хто гэта такі?
М а р ы л я . Ці ж не пазналі? — Зоська наша!
С т а р а ц . Божа! Божа! Што з яе асталося?
Д а н і л к а . Толькі цень ды вянок з лісця!

З о с ь к а (разглядаючыся). Хто тут? Чаго вы назбіраліся? Разлучыць мяне хочаце з ім? Га? Ха-ха-ха! Не на такую напалі. (Да Старца.) А ты, сівы, чаго сюды прыйшоў? Можа, весці добрыя прыносіш ад майго таты або ад майго міленькага? Не бойся — кажы! Я ўсё ведаю!.. Даўней нічога не ведала, а цяпер, ах, як ведаю!.. Тата мой у палацы засеў і пануе там: шмат слуг яму служыць і скарбаў усялякіх шмат мае. Пасаг мне вялікі дасць, ох, які вялікі! — сто, тысячу, мільён. А толькі нашто ты, татачка, майго міленькага выгнаў з палаца, што ён за морам апынуўся? Пакінуў мяне мой ненаглядны, праз благіх людзей адрокся свае русалачкі з васільковымі вачамі. Ха-ха-ха! Але я сама к яму пайду. Праз быстрыя рэчкі, праз шчырыя бары, праз сухія пяскі паплыву к яму, як месяц па небе плыве! (Садзіцца і капаецца ў вогнішчы.)
С т а р а ц. Страшныя рэчы твораюцца ў вас, пані гаспадыня!
М а р ы л я. Ад маладзіковае суботы ўжо яна такая! Трэці тыдзень праходзіць.
З о с ь к а (устае і ходзіць па сцэне). А вы вон адгэтуль усе, вон! А-а! Ведаю! На вяселле маё сабраліся! Не хачу я вас, груганоў чорных, — у мяне іншыя госці будуць. (Да Старца.) Праўда, стары, — іншыя. Маўчыш! Ну, як сабе хочаш! А я скажу, хто ў мяне будзе: зоркі з неба залатыя збягуцца, месячык срыбны прыплыве, воблачкі светлыя сыдуцца, і будуць яны ўсе гуляць на маім вяселлі так весела, так скочна! А вецер іграць мае вяселле будзе, зычна іграць будзе, як ён у лесе часам умее, як ён у азяродах часам іграе! (Да Данілкі.) Пакажы мне зараз, маладзенькі музыка, як вецер іграе!

Данілка ігае жалесліва-нудную мелодыю, Зоська круціцца па сцэне і прыпявае.

Вецер іграе, зорачкі скачуць,
Месяц між імі лад водзе;
Радасна хмаркі белыя плачуць,
Мілы мой кажа ўсім — годзе!

Водбліск ад пажару асвечвае сцэну. Зоська, напяваючы ўсё, час нейкі круціцца па сцэне ў пажарным святле. Данілка іграе.

У с е (апрача Зоські). Ах, пажар недзе!
М а р ы л я. Як бы з стараны двара агонь б'е!
С т а р а ц (хрысцячыся). Скаранне божае валіцца на гэтую

зямлю няшчасную! Тут вар'ятка скача, а там з дымам штось ідзе.

Дзеці. Нам страшна, мамка!

Данілка. Уцякайма скарэй адгэтуль, а то яшчэ і наш дом загарыцца!

Зоська (перастаўшы круціцца). А! Як відненька! А я думала, што ўжо ночка наступіла і мне трэба к майму саколіку збірацца. (Разглядаючы.) Чаго ж я, дурная, дзякаюся? Гэта ж ён тут! Тут мой каралевіч ненаглядны! (Паказваючы на дзерава, на каторым абраз вісіць.) Во дзе ён! Во! Адзін, як сіротка, стаіць і чакае, пакуль я, яго зорка нябесная, к яму не падыду. Ужо іду, ужо іду, маё сонейка мілае! (Падыходзіць і абымае дзерава, прытуляючы твар свой к яму.) Выбачай, саколік, што так позна прыйшла я к табе сягоння! Вялікую дарогу мусіла перабыць. Гадзіны на мяне сыкалі, ваўкі вылі, начніцы і совы пужалі, але прыцягнулася к табе. Ночка ўжо мінулася, і божы дзянёк, бачыш, кругом ззяе. Прытулі ж мяне к сабе, добры мой каралевічу! Сагрэй мае грудзі дзявочыя: яны вельмі азяблі — халодна ўжо, бачыш, становіцца на свеце! Не гані мяне ад сябе, як той мяне адагнаў і сам за мора ўцёк. Ты інакшы! Ты хоць і той, але не той. У цябе, чую, сэрца б'ецца, а ў таго ў грудзях нейкі камень хрусцеў; у цябе вочкі, як зоркі, свецяцца, а ў таго, як галодныя вужакі, паглядалі; твае ручкі абымаюць, як матка дзіцянётка ў калысцы абымае, а той, як жалезнымі абцугамі, сціскаў мяне; той гаварыў, то як крумкач над непахаванымі касцямі крумкаў, а твой голас ліецца, як на жалейцы песня вясною... Прытулі ж мяне, саколе мой любы, і не выракайся болей каралеўны сваёй! (Апускаецца каля дзерава і, задумаўшыся, сядзіць пры ім.)

Старац. Пайду я ўжо ад вас, добрыя людзі. Вялікім горам і знішчажэннем кожны тут куток ваш напоўнен. Шчаслівейшую долечку паслі вам, Божа! Бывайце здаровы! Слава Хрысту!

Данілка (усхапіўшыся). Дзедачка, забірайце і мяне з сабой! А то яшчэ раз як здарыцца гэткая ночка з пажарам, то я зусім намру ад страху.

Старац. Як хочаш, сынку мой. Месца хопіць нам. Можаш ісці.

Марыля. Не адходзьце, дзедка! Надумалася і я ўжо: пойдзем усе з табой. Сілачкі мае не хапае далей тут гібець.

Старац. Добра, пані гаспадыня! Добра! І табе месца мала не будзе.

Марыля (да дзяцей). Ну, дзеткі! Пара збірацца ў дарогу! Дзе толькі торбачкі? (Находзіць торбы і нашпіліває іх дзецям,

Данілку і сабе; Старац памагае.) Вось гэтыя меншанькія вам, малыя, а гэту, трохі большую, табе, Данілка.

Д а н і л к а (надзеўшы торбу). Вось як лоўка цяпер будзе! У руках скрыпачка, на плячах торбачкі — гуляй, душа, колькі ўлезе!

С т а р а ц . Што ж? Нездарма людзі пацераў і малітваў змалку яшчэ вучацца. Каму-небудзь ды пад старасць прыгодзяцца. Аб торбах не павінны забывацца нават і тыя, што на пасадах сядзяць.

М а р ы л я (надзяваючы на сябе торбу). Ну, гэтыя самыя большыя на мяне якраз падыдуць! (Глянуўшы на Зоську.) Папрабую і на яе надзець, а ну ж з намі пойдзе. (Падыходзіць да Зоські і хоча надзець торбу.) Зоська, пазволь, — надзену гэта на цябе, ды пойдзем разам!

З о с ь к а (павёўшы мутнымі вачыма). Што? Куды?

М а р ы л я . Надзень, Зоська, гэтыя торбачкі! Надзень, дачушка мая. (Хоча сілай надзець.)

Д а н і л к а . Не спрачайся, Зоська, ды пойдзем! Я табе зайграю панічову музыку.

З о с ь к а (усхапіўшыся з зямлі і баронячыся). Што? на мяне торбы хочаце надзяваць! Га! А вы ведаеце, хто я такая! Ведаеце? Я каралеўна! Я — усеўладная пані гэтай зямлі ўсёй чыста! — гэтых загонаў, гэтых лугоў, гэтага лесу! Ха-ха-ха! А яны мяне ў торбы, як жабрачку, хочуць прыбраць! Я ў кароне, бачыце, хаджу. Сярпы мае сталёвыя дабро цэламу свету жнуць, а палотны мае шаўковыя цэлы свет адзяваюць, а яны ў торбы мяне хочуць прыбраць! Проч, бясстыднікі! (Зрывае торбы і кідае на вогнішча; сама апускаецца каля дзерава.)

М а р ы л я (скінуўшы торбу ў старану з агню). Не хочаш, і не трэба! Не ў маёй ужо моцы з вамі вайну весці. А торбачка гэта хай астанецца тут: можа, Сымону прыдасца.

М а р ы л я . Што ж, пані гаспадыня, — гатовы ўжо ўсе!

М а р ы л я . Ужо, дзедка! Можам ісці.

Д а н і л к а . Уцякайма, дзедка, бо і я ўжо гатоў. А Зоська дагоніць нас: не чапайце толькі яе. Цяпер жа, можа, запяем усе разам на адходнае.

С т а р а ц . Святую песню хоць калі не грэх запець.

М а р ы л я (да Зоські). Зоська, як апомнішся, прыходзь з Сымонам да нас!

Старац ідзе наперад, за ім Марыля з дзяцьмі па баках, а за

Марыляй — Данілка. Усе пяюць «Лазара», — Данілка іграе; нейкую мінуту іх песня чуваць за сцэнай, пасля паволі замірае.

З'ява IV

З о с ь к а адна.

З о с ь к а (як бы прасвятлеўшы, паказваючы рукамі). Ха-ха-ха! Там пажар, гэтыя, як пагарэльцы, з торбамі пайшлі.

З'ява V

З о с ь к а і С ы м о н .

С ы м о н (шыбка ўваходзіць са стараны пажару, трымаючы ў руцэ запаленую галавешку. Разглядаючыся). Пайшлі!.. Не пачакалі мяне яшчэ хоць трохі. А так ужо ўсё наладзіў. (Угледзеўшы Зоську.) Адна Зоська асталася! (Да яе.) Што ж ты робіш тут адна? Пойдзем са мной?
З о с ь к а (прыглядаючыся). Гэта ты, Сымон?
С ы м о н . Я, Зоська! Уставай хутчэй, сястрыца, ды пойдзем, бо кожная мінута цяпер дарага!
З о с ь к а . Куды пойдзем? Па што?
С ы м о н (паказваючы галавешкай у праціўную старану ад пажару). На вялікі сход! Па Бацькаўшчыну!!!
З о с ь к а (падымаючыся з зямлі). А-а!..

Сымон бярэ яе за руку, і абое нікнуць у цемнаце.

З а с л о н а

ТУТЭЙШЫЯ

Трагічна-смяшлівыя сцэны ў 4-х дзеях

АСОБЫ

Мікіта Зносак (Нікіцій Зносілов) — калежскі рэгістратар, 25—28 г., у першых трох дзеях барада выгалена, у 4-й крыху барадаты.

Гануля Зношчыха — яго маці, у вольны час робіць панчоху.

Янка Здольнік — настаўнік, 25—28 г.

Лявон Гарошка — паважаны селянін, заўсёды з люлькай, агонь да яе крэсіць крэсівам.

Аленка — яго дачка, 17—19 г., крыху жвавая і вясёлая дзяўчына, адзяецца чысценька і скромна.

Наста Пабягунская — дзяўчына няведамых заняткаў, 23—25 г.; стараецца адзявацца з шыкам, але без густу.

Гэнрых Мотавіч Спічыні — Мікітавы настаўнік, сярэдняга веку, бараду і вусы голіць.

Усходні вучоны — носіць велікарускую вопратку — «падзёўку», «касаваротку» і доўгія боты, барада калматая.

Заходні вучоны — носіць польскі строй — кунтуш і «конфэдэратку», барада голеная, вусы завесістыя.

Дама. Поп. Спраўнік. Пан. Немец. Чырвонаармеец..... \
Начальнік патруля.. } у адной асобе.
Абарванец........../

Немец, двух патрульных, грамадзяне, грамадзянкі і інш.

Усё дзеецца ў Менску. 1-я дзея адбываецца ў лютым 1918 г., 2-я — у снежні 1918 г., 3-я — у ліпені 1919 г., 4-я — у чэрвені 1920 г. 1, 3 і 4-я дзеі адбываюцца ў Мікітавай хаце, 2-я дзея — на Катэдральным пляцы, называным мянчанамі «Брахалка».

ДЗЕЯ ПЕРШАЯ

Час вячэрні. Даволі абшырны пакой, беднаваты, падробнамяшчанску абстаўлены. З правага боку — бліжэй да рампы — адны дзверы, з левага — двое. Напроць два вакны на вуліцу. Справа ў належным месцы стол, у іншых мясцох — пара малых столікаў, на адным з іх грамафон, крэслы венскія і мяккія плюшавыя. У кутку злева вялікае люстра (трумо). На сценах у рамах колькі тандэтных абразоў — партрэтаў высокапастаўленых асоб, балалайка, пажарніцкая куртка і каска.

З'ява I

Г а н у л я,   Я н к а.

Г а н у л я (*сядзіць і робіць панчоху; чуваць стук у дзверы з левага боку, што далей ад рампы*). Калі ласка! Заходзьце!
Я н к а (*уваходзіць*). Выбачайце, цётачка, што так часта назаляюся вам, але, бачыце, неяк моташна зрабілася аднаму сядзець, дык вось і прыйшоў да вас у госці.
Г а н у л я. Ды што за цэрамоніі! Можаце гасціць у мяне хоць кожны дзень ад рання да вечара — мне самой весялей, бо хоць вы ў нас нядаўна закватаравалі, а ўжо лічу вас як свайго чалавека. Толькі не стукайце там па-панску ў дзверы, а проста ўваходзьце, і ўсё тут.
Я н к а. Дзякую вам за шчырасць і ласку, хоць і сам не ведаю, чым я на ўсё гэта заслужыў. (*Паўза.*) Дзе ж гэта гаспадар ваш малады?
Г а н у л я. Паляцеў у горад таго-сяго купіць. Сягоння імяніны яго, дык мо той ці сёй здарыцца ў хату.
Я н к а. Шкада, што я раней аб гэтым не ведаў. То ж належала і аб падарунку якім падумаць.
Г а н у л я. Э, мой сынок! Не тыя цяпер часы на падарункі. Гэтая вайна ды бязладдзе, ці, як там кажуць, рэвалюцыя, пахавалі тыя хвіліны, калі людзі маглі думаць і аб падарунках.
Я н к а. А во, сын ваш не забыўся, аднак, аб імянінах?
Г а н у л я. Не забыўся, бо малады яшчэ і ў галаве пуста. Падумайце, скасавалі чыноўніцтва, застаўся без службы, і хоць бы што, ні на грош таей сталасці. Адно маракуе ўсё аб тым, як гэта ізноў вернуцца нейкія там яго рангі і клясы і ўсялякае дабро само пасыпецца з неба.
Я н к а. А што ж ён, па-вашаму, павінен рабіць у гэтае чыноўніцкае безработоцце?
Г а н у л я. Што? Хоць бы ўзяў, як іншыя, ды падвучыўся боты шыць або хоць латаць. Ну латаў бы, і капейка жывая была б у хаце, а так... (*Махнула рукамі.*)

Янка. Трудна такому далікатнаму панічу за гэтакую чорную работу ўзяцца.

Гануля. Які там ён далікатны! Я сама з ягоным бацькам — людзі вясковыя. Мой нябожчык гаспадар жыў пры бацькох на маленькім надзеле. Адзін яшчэ сяк-так мясціўся ў сям'і, а як жаніўся, дык і не хапіла абаім месца. Тады мы ўзялі і пайшлі сюды ў Менск шукаць службы. Спачатку было вельмі цяжка, а пасля нічога сабе. Я мыла людзям бялізну, а ён прыстроіўся ў акружным судзе: быў там пры вешалках і кур'ерам. А вядома, у судзе: народу ўсялякага прыходзіць шмат, ды пакуль там хто дойдзе да вышэйшага начальства, пачынаць мусіў спярша ад ніжэйшага. Гэткім ладам недастачы вялікай не цярпелі ды нават хлопца свайго праз усялякія там навукі да чыноўніцтва давялі. Пасля мой памёр, вечны яму пакой, а я засталася адна са сваім Мікіткам. Так што, як бачыце, ніякай далікатнасці нямашака.

Янка. А я спачатку меркаваў іначай. Бо дзе ж там! Ён гэтак заўсёды хоча сябе паказаць, як бы сам губарнатар.

Гануля. Гэта, мабыць, ён наглядзеўся, бо служыў у губарнатарскай канцылярыі за нейкага там рэгістратара.

Янка. Ах, вось яно што! Але гэта не бяда. Калі ён выйшаў родам з сялян, то ніякай працы не павінен чурацца, асабліва павінна яго пацягнуць туды, адкуль прыйшоў, — на вёску, дзе столькі поля някратанага ляжыць. І мне здаецца, што яго туды пацягне.

Гануля. Не цягне яго і туды, мой саколік, ой, не цягне! Стары згаруспіў быў лішнюю сотню, маніўся кусочак зямлі з хатай купіць, але не ўспеў. А яму, свайму Мікітку, што я наталкавалася, каб з'ісціў бацькаву думку, — не паслухаў. Цяпер ні зямелькі з хатай, ні грошай... А мне ўжо старасць на носе. Як падумаю, што бяда зноў прыцісне, што зноў прыйдзецца людзям бялізну мыць, дык аж рукі вянуць ад нейкага жалю горкага.

Янка. Э, цётачка! Не так ужо дрэнна, як вам здаецца. Устаткуецца ваш Мікітка з часам і пойдзе па розум да галавы. А цяпер ён жа яшчэ малады ў вас.

Гануля. Ды, разумеецца, малады, яшчэ зусім малады! Яно ж і наракаць на яго роднай маці гэтак не выпадае, але падчас, як прыйдзе нешта нейкае, дык і гаворыш, і гаворыш; спачатку палягчэе на сэрцы, а пасля і шкадуеш. Ён жа маё родненькае дзіцё, ды адзін, як той васілёк у жыце.

Янка (*набок*). О, гэтакіх адных у нас многа, толькі ж яны не васількі, а праклятае зелле на нашай беднай зямлі! (*Ходзіць па* *пакоі.*)

З'ява II

Гануля, Янка, Мікіта.

Мікіта (*уваходзіць з пакупкамі*). О, меджду протчым, і прафэсар у нас! Здрасціце!
Янка. Майму кватэрнаму гаспадару нізка кланяюся! Апрача гэтага пазвольце, пане рэгістратар, павіншаваць вас з імянінамі! Жычу вам надзець шліфы калежскага асэсара.
Мікіта. Дзякую, меджду протчым, дзякую! Шчыра мяне цешыць, што вы аб гэтым не забыліся. Жадаю, каб і праз год мы ў гэтай кватэры віншаваліся.
Янка. Аб гэтым трудна загадзя варажыць, бо я ўскорасці зусім выязджаю з Менску на вёску.
Гануля. Як жа гэта, пане настаўнік? Мы ўжо да вас так прывыклі, што мне здавалася, ніколі не разлучымся.
Янка. Там, на вёсцы, я патрэбней, чымсь тут, а да таго — не люблю я гораду: вельмі ўжо ў ім цяжкае паветра.
Мікіта (*да Ганулі*). Меджду протчым, мамаша, прышыкуйце закуску, бо незадоўга і госці збяруцца. (*Стаўляе набок пляшку.*)
Янка. Эге! І пляшку бачу. А кажуць, што няможна дастаць.
Мікіта. Усё можна, толькі асцярожна.

Гануля збірае пакупкі.

Вось тут селядцы, во цыбуля да іх, а вот сала, а тут... меджду протчым — кілечкі... пальцы госцікі абліжуць.

Гануля з пакупкамі выходзіць.

З'ява III

Янка, Мікіта.

Янка. Гучны, як уважаю, баль у вас будзе.
Мікіта. О, так! У нашым чыноўніцкім становішчы іначай няможна. Як чуць што зблышыў, дык і пачнуцца ўсялякія суды ды перасуды: адзін будзе казаць, што па службе атрымаў паніжэнне, другі — што ў карты прагуляўся, а трэці — што

скнэра, а гэта — найгорш, і так пайшла пісаць губэрня — не адцярэбішся. Становішча, меджду протчым, пане мой, абавязвае.

Я н к а . А вы плюнулі б на тое, хто што кажа, ды жылі сваім адумам. Прытым якое тут чорта чыноўніцкае становішча, калі яно ўжо не стаіць, а ляжыць, ды як яшчэ ляжыць — як трухлявая калода!

М і к і т а . Меджду протчым, гэта яно ляжыць так сабе — да часу, а потым зварухнецца і падымецца.

Я н к а . Чакай, бабка, Пятра!.. Пакуль ваша гэта становішча ўстане, то вас саміх чэрві паточаць. Ды скажэце, калі ласка, каму і нашто патрэбна гэта ваша з мёртвых паўстанне? Ды каму, якую тут карысць вы прыносілі, як яшчэ стаялі?

М і к і т а . Мы цвёрда стаялі на варце святога расійскага самаўладства і баранілі тутэйшую рускую народнасць ад «інародчаскага засілля». Во яно што, меджду протчым!

Я н к а . Няма чаго казаць — баранілі! У лапці абувалі, з торбамі пушчалі ды ў сібірскія катаргі вывозілі. Гэта называецца — баранілі!

М і к і т а . А што вы, навапечаныя рэспубліканцы, хэ-хэ-хэ! беларусы ці як там... што вы маніцёся бараніць, бо дагэтуль, меджду протчым, вы яшчэ нічога не ўбаранілі!

Я н к а . Мы баронім саміх сябе ад вашай навалы.

М і к і т а . А, меджду протчым, нічога не выходзіць: вашы сходкі ці там з'езды раскідаюцца, а саміх на казённы хлеб садзяць. Хэ-хэ-хэ! раскідаюць — во, і ўсё тут.

Я н к а . Але, раскідаюць, але! Толькі ж думак нашых і сам люцыпар не раскідае — бо мы служым вялікай ідэі вызвалення.

М і к і т а . Усё гэта глупства. Меджду протчым, ідэя — вельмі скупая пані: ні шэлега сваім слугам не плаціць — хоча, каб на яе ўсе дарма працавалі. А ў мяне, хэ-хэ-хэ! пане профэсар, душа рэальная: хто мне лепей плаціць, таму і служу і кіхаць хачу на ўсякія ідэі. Мая лінія жыцця вельмі простая.

Я н к а . Памыляецеся, пане рэгістратар. Ваша лінія не простая — а крывабокая, — цямняцкая ваша лінія і ўжо вядзе вас туды, адкуль не варочаюцца.

М і к і т а (*стукаючы кулаком па стале*). Меджду протчым... меджду протчым... вы мяне абражаеце. Я не цямняк, пане... пане дырэктар беларускай басоты.

Я н к а . Выбачайце, я крыху пагарачыўся. (*Выходзіць у свой пакой.*)

З'ява IV

М і к і т а , Г а н у л я .

Г а н у л я (*увайшоўшы пры апошніх словах Мікітавых*). Ты ізноў з ім павадзіўся?
М і к і т а . Меджду протчым, я з ім не вадзіўся, а толькі аб палітыцы паспрачаўся.
Г а н у л я (*накрывае стол*). Гэтымі сваімі спрэчкамі людзям толькі кроў псуеш.
М і к і т а . Псуюць і яны мне. Не магу ж я, меджду протчым, мамаша, набраць у губу вады і маўчаць, калі ён бэсціць мае жыццёвыя погляды. Меджду протчым, абавязак мой — паказаць гэтым новым завадзілам іхняе належнае месца. Хай знаюць, што і мы тое-сёе ў палітыцы кемім. Апрача таго, здаецца, што ад нашага кватаранта бальшавіцкім духам пахне, а мне ад гэтага паху ў носе круціць.
Г а н у л я . А калі бальшавік, дык што? Бальшавік таксама чалавек.
М і к і т а . Можа, чалавек, а можа, і не, бо з нашымі рангамі і клясамі абходзіцца зусім не па-чалавецку. (*Паўза.*) Меджду протчым, мамаша, я папрашу вас... я гэтага хачу... з-паміж іншых гасцей будуць у мяне сягоння: адна мадам, поп, спраўнік і пан. Вось, калі хто з іх звернецца да вас з якім словам, то вы старайцеся адказваць у нос і меней ужывайце простых выразаў. Калі з мадамай зойдзе гутарка, то не кажэце — панечка, а мадам-сіньёра, калі з папом, то — не бацюшка, а ацец духоўны, калі з спраўнікам, то — не пан спраўнік, а вашародзіе, а калі з панам, то — не проста пане, а — ясне пане грабя. Усё гэта тутэйшыя грата-пэрсоны, меджду протчым, людзі аднолькавага са мной светагляду і амаль што не аднолькавых рангаў, так што хачу я, каб яны ведалі, што і радня мая не ніжэй стаіць ад іхняй радні.
Г а н у л я . Ну і госці! Адкуль ты іх выкапаў? Яны ж уперад у нас не бывалі.
М і к і т а . Не бывалі... не бывалі... Меджду протчым, уперад была іншая політычна-экономічная сытуацыя, пры якой не ўсюды яны маглі пабываць, а цяперака, як збольшага рангі і клясы абшліфаваліся, вось яны, гэтыя мае госці, і складаюць нам першым візыту.
Г а н у л я . А хай бы лепей не складалі, а то скачы перад імі немаведама як!

Мікіта. Вы толькі, меджду протчым, мамаша, адказвайце, як я вас вучыў, а ўсялякіх іншых цэрамоній буду я сам даглядаць. Ага, яшчэ адно: як будзеце вітацца, то адну нагу назад адцягвайце — рабеце рэвэранс. А важней за ўсё старайцеся як найгусцей у нос.

Гануля (*махнуўшы рукой*). У нос дык у нос!

Увaходзіць Янка.

З'ява V

Мікіта, Гануля, Янка.

Янка (*увайшоўшы, даГанулі*). Вось я ўспомніў, цётачка, адну сваю справу і мушу прасіць вашай у гэтым помачы. Надовечы я атрымаў ліст з вёскі ад сваёй быўшай вучаніцы, у якім піша яна, што з бацькамі сваімі прыедзе ка мне ў госці. А гэта можа здарыцца нават сягоння. Усё было б добра, але бяда ў тым, што яны тут не маюць нікога знаёмага, дык не будзе ім дзе...

Гануля. ...Пераначаваць. Ну, гэта не бяда! Можна будзе і ў нас. Ложкаў, праўда, лішніх няма, дык во тут на падлозе штонебудзь падмосцім, і пераспяць ноч.

Мікіта. Яно так, меджду протчым, але ў мяне сягоння важныя госці будуць, дык, можа, вашым гасцём гэта будзе не па нутру?

Янка. Я пастараюся, каб яны вам і вашым важным гасцём не замінaлі.

З'ява VI

Мікіта, Гануля, Янка, Наста.

Наста (*высоўваючы галаву з правых дзвярэй*). Ці можна?
Мікіта. Калі ласка! Меджду протчым, просім, просім!
Наста (*уваходзіць*). Добры вечар! Як жывы-здаровы?
Мікіта. Дазвольце пазнаёміць: мамзэль Наста Пабягунская — настаўнік Янка Здольнік, меджду протчым, гэта той... хэ-хэ-хэ!.. беларус, аб якім я ўжо вам успамінаў... хэ-хэ-хэ! Не ўлюбецеся толькі.

Наста (*да Янкі*). Вельмі цікава з вамі пазнаёміцца! Нам такіх як найболей патрэбна.

Я н к а . Дзякую за гонар! (*Набок.*) А для нас і не цікава і не патрэбна такое знаёмства.
Н а с т а . Ці няможна ад гэтых паноў дзе на хвіліну мне схавацца? (*Паказвае на мігі, што мусіць папудравацца і паправіць валасы.*)
Г а н у л я . Можна, можна! Пойдзем са мною ў другі пакой. (*Выйшлі.*)

З'ява VII

М і к і т а ,   Я н к а .

Я н к а . Праўдзівая Пабягунская. Хто яна такая?
М і к і т а . Так сабе — надта мілая і сымпатычная, меджду протчым, мамзэль. На ўсе бакі вядзе шырокае знаёмства. Мае заўсёды аб усім і аб усіх з пэўных крыніц пэўныя весткі, любіць заўсёды і ўсюды, дзе трэба і не трэба, уткнуць свае тры грошы. Меджду протчым, павінен вам сказаць, што яна першая ды, мабыць, апошняя слабасць майго сэрца. Колькі раз рабіў ужо ёй асведчыны, каб, значыцца, аддала мне сваю руку, але штось не клеіцца. Кажа, як будзеце асэсарам, тады выйду, а за рэгістратара, кажа, не хачу. І хоць ты ёй з пальца выссі тое асэсарства, а падавай, і ўсё тут. Але я надзеі не трачу. Зменяцца політычныя сытуацыі, атрымаю ад начальства асэсарскую рангу, і мамзэль Наста будзе маёй, бо асоба, як бачыце, спрытная.
Я н к а . Спрытная, спрытная! Але і пры змененых сытуацыях каб вы толькі з сваім асэсарствам і з гэтай мамзэляй не вылецелі ў трубу. (*Выйшаў у свой пакой.*)
М і к і т а . Зайздрасць яго так і разбірае, меджду протчым. (*Дастае з шуфляды ў стале чыноўніцкія адзнакі і перад люстрам прымяркоўвае іх.*)

Уваходзяць Н а с т а   і   Г а н у л я .

З'ява VIII

М і к і т а ,   Н а с т а ,   Г а н у л я .

Н а с т а . Аей, што я бачу?! Без усякае цэрамоніі нашаму дзявоцкаму стану канкурэнцыю робіце — як какетка, фліртуеце з люстэркам. А яшчэ калежскі рэгістратар!

М і к і т а. Але і мамзэль Наста, меджду протчым, сягоння падфуфырылася, як на баль-маскараду ў Белую залю.
Наста. На баль як на баль, а з гасцямі спаткацца прыйдзецца, дык чаму ж крыху і не паднядзеліцца?
М і к і т а. А так, так! На тое ж сягоння мае імяніны.
Наста. Ды я не аб імянінных гасцёх.
М і к і т а. Аб якіх жа гасцёх яшчэ, меджду протчым?
Наста. Які ж вы недагадлівы!
М і к і т а. Ах, ужо ведаю — вы аб немцах?!
Наста. Няўжо ж аб кім? Я з пэўных крыніц маю пэўныя весткі, што яны яшчэ сягоння будуць у Менску.
М і к і т а. О, ліханька! Каб хаця не ўваліліся на імяніны, а то сапсуюць усю абедню. А так, меджду протчым, хай сабе ідуць, гэта мне пад руку — буду зноў засядаць у губарнатарскай канцылярыі.
Наста. Ого! так адразу. А я чула ад пэўнай асобы, што немцы як прыходзяць, то першым чынам направа і налева хапаюць усіх на работы — капаць акопы, а гэта не губарнатарская канцылярыя.
М і к і т а. Хэ-хэ-хэ! Я ўжо ведаў аб гэтым і загадзя забарыкадаваўся. Глядзеце! (*Знімае з сцяны і надзяе пажарніцкую куртку і каску.*)
Наста. І што гэта значыць?
М і к і т а. А тое, што немцы пажарнікаў на работы не бяруць. Ну, вось я і падумаў аб гэтым раней і ўпісаўся ў Менскую пажарную дружыну.

Чуваць злева званок.

Ай, госці ідуць! Меджду протчым, мамаша, завесьце чым-небудзь вокны, можа — коўдрамі... а я пабягу спаткаць. (*Выбягае.*)

Ганула завешвае вокны. Наста круціцца каля люстра. Уваходзяць г о с ц і ў парваных верхніх вопратках, якія Мікіта знімае і выносіць у другі пакой. П о п апускае падоткнутыя полы сутаны. Пасля прывітання госці рассаджваюцца і крытычным вокам аглядаюць кватэру.

З'ява IX

М і к і т а, Н а с т а, Г а н у л я, Д а м а, П о п, С п р а ў н і к, П а н.

М і к і т а (*як госці ўвайшлі і раздзеліся, надскакваючы*). Міласці прашу! Прашу пакорна! Маю гонар пазнаёміць — меджду протчым, мая мамаша, а гэта — мамзэль Наста Пабягунская.
Д а м а (*углядаючыся пільна цераз акуляры з ручкай на Мікіту*). Што гэта ў вас, мусье, за такі орыгінальны ўбор? Напамінае сабой форму а-ля-кум пажарны.
М і к і т а (*глянуўшы на сябе*). Мадам-сіньёра, вы згадалі. Гэта... Як яно... гэта... меджду протчым, прынёс мне мой прыдворны кравец для меркі, а я так захапіўся найяснейшымі гасцямі (*госці ківаюць галовамі*), што і забыўся зняць. Меджду протчым, я заказаў сабе гэты віцмундзір з пэўнай мэтай... Прыходзяць немцы, пачнуцца балі, рауты, маскарады, а ў мяне во і гатоў маскарадны касцюм. Але, выбачайце, найяснейшыя госці,— пайду ўжо скіну, меджду протчым. (*Выходзіць і варочаецца ў чыноўніцкай форме з усімі адзнакамі.*)
Д а м а (*ізноў узіраючыся на Мікіту*). Ах, мусье! але вы фарсун: у вас мундзір са шліфамі!
М і к і т а. А гэта зроблена спэцыяльна для маіх, меджду протчым, найслаўнейшых гасцей: хацеў прыняць іх, як і калісь прымаў розных дастойных асоб.
С п р а ў н і к. Тады дазвольце і я свой мундзір удастойню.

Дастае з кішэні пагоны і прышпільвае. Дама памагае. Чуваць званок. Гануля выходзіць і прыводзіць з сабой А л е н к у і Г а р о ш к у, які, уваходзячы ў хату, выбівае аб пазногаць попел з люлькі.

З'ява X

Ты я ж, А л е н к а, Г а р о ш к а.

А л е н к а (*узіраючыся ў пісульку*). Ці тут жыве дзядзька... як яго?! дзядзька Мікіта Зносак?
М і к і т а. І не дзядзька, і не Мікіта, і не Зносак, а тут жыве, меджду протчым, колежскі рэгістратар Нікіцій Зносілов.
А л е н к а. Я... я не ведаю...

Мікіта. А калі не ведаеце, то чаго ўлезлі ў чужую хату, меджду протчым.
Аленка. Бачыце, мы з таткам шукаем нашага настаўніка Здольніка.
Гануля. Ах, так бы адразу і сказалі, дзеткі! Ён тут. Зараз паклічу. (*Стукае ў Янкавы дзверы.*) Пане настаўнік! Да вас госці прыйшлі.

З'ява XI

Тыя ж, Я н к а.

Янка (*увайшоўшы і вітаючыся*). Вось мілыя, дарагія госцікі! А я ўсё разважаў, ці прыедзеце сягоння, ці не. (*Да Ганулі.*) Гэта, цётачка, тыя самыя падарожнікі, аб якіх я вам успамінаў: мая найздальнейшая вучаніца Аленка, а гэта бацька яе, Лявон Гарошка — найлепшы гаспадар з усяго сяла.
Гануля (*прыпамінаючы*). Лявон Гарошка... Лявон Гарошка... Як жа гэта так? Ці вы не з Дуброўкі?
Гарошка. Але, мая мілая, з Дуброўкі!
Гануля. Ну, цяпер успомніла! Гэта ж мы блізкія сваякі: твой дзед і мая бабка былі родныя брат і сястра. Але чаго ж мы стаім? Сядайце, мае даражэнькія! Пане настаўнік, папрасіце, каб селі.

Сядаюць воддаль ад іншых гасцей.

Мікіта (*адыходзіць ад сваіх гасцей, да Ганулі, набок*). Меджду протчым, мамаша, выехалі з гэтым сваяцтвам, як з козамі на торг! Перад маімі гасцямі ўсю мне рэпутацыю папсавалі. Хаця не ўздумайце яшчэ за стол іх садзіць.

Чуваць з двух бакоў званок. Гануля меціцца ісці адчыняць, але заклапочана тым, у якія дзверы ўперад пайсці.

Наста (*падбегшы да Ганулі*). Вы, мадам, ідзеце адчыняць тыя дзверы, а я адчыню гэныя.

Выходзяць.

Мікіта. Каго там яшчэ нялёгкае нясе?!

Уваходзяць адначасова з абаіх дзвярэй У с х о д н і в у ч о н ы і З а х о д н і в у ч о н ы , разглядаючыся: Усходні — праз падзорную палявую трубу, Заходні — праз бінокль, не заўважыўшы спачатку адзін аднаго.

З'ява XII

Тыя ж, У с х о д н і в у ч о н ы , З а х о д н і в у ч о н ы .

М і к і т а (*да гасцей, як увайшлі вучоныя*). Гэта адны з маіх добрых знаёмых, меджду протчым, паны вучоныя. Сустрэў іх надовечы на Губарнатарскай вуліцы, дзе шукалі праўдзівых тыпаў беларускіх. Я сказаў, што адзін такі тып кватаруе ў мяне, — вось, відаць, і прыйшлі паглядзець. Паміж іншым, адзін з іх Усходні вучоны, а другі — Заходні.
У с х о д н і   в у ч о н ы (*стукнуўшыся з Заходнім*). Чорт подзеры!
З а х о д н і   в у ч о н ы . Пся крэв!
У с х о д н і   в у ч о н ы . Ізвініце, судар!
З а х о д н і   в у ч о н ы . Пшэпрашам пана!
У с х о д н і   в у ч о н ы . І вы здзесь?
З а х о д н і   в у ч о н ы . І пан ту?

Абодва кланяюцца адзін аднаму і прысутным.

М і к і т а (*вітаючыся з вучонымі*). Добра трапілі, меджду протчым, паны вучоныя. Вось той, хэ-хэ-хэ! беларус, аб якім я вам казаў. (*Да Янкі.*) Пане настаўнік, гэта — паны вучоныя, якія вельмі цікавяцца вашым, хэ-хэ-хэ! беларускім пытаннем.
У с х о д н і   в у ч о н ы . Так вы это і есць настояшчый белорус?
Я н к а . Але, пане вучоны! дый не адзін. (*Паказваючы на Аленку, Гарошку, Ганулю.*) Во яшчэ адзін беларус і дзве беларускі.
У с х о д н і   в у ч о н ы (*паказваючы на іншых*). А це тожа белорусы?
Я н к а . А так, так! Вы згадалі: яны самзделе тожа — беларусы, з пароды рэнэгатаў і дэгэнэратаў.
З а х о д н і   в у ч о н ы . Паньске імен і назвіско?
Я н к а . Янка Здольнік, пане вучоны.
З а х о д н і   в у ч о н ы (*запісваючы у нататкі, голасна*).

Януш Здольніцкі. Незаводне тып Всходнё-Крэсовэго поляка з немалон дозон крві познаньско-гуральскей. Людноcць абэцне роскшэвя сень на две галэнзі родовэ: племен бялорусінув і племен тэж-бялорусінув з походзэня рэнэгатув і дэгэнэратув. Мова ойчыста — огульнопольска, незвычайне удосконалёна, ено з велькон домешкон незрозумялых слув.

У с х о д н і   в у ч о н ы (*таксама запісваючы ўперамежку з Заходнім вучоным*). Іоан Здольнікоў. Істіно-русскій ціп Северо-Западной Області і безусловно з прымесью монгольско-фінской крові. Народность ныне распадается на две родовые ветві: племя — белорусы і племя — тоже-белорусы, ісходзяшчэе от рэнегатов і дзегенератов. Родной язык — обшчэрусскій, веліколепно усовершэнствованный, но с большой прымесью непонятных слов.

З а х о д н і   в у ч о н ы . А тэраз пан бэндзе ласкав поінформоваць, як на бялорускім нажэчу бжмі назва ойчызны вашэй?

Я н к а . Беларусь, пане вучоны.

З а х о д н і   в у ч о н ы (*запісваючы*). Пшы баданю бялорусіна высветлёно надзвычайнон особлівосць, а мяновіце: вбрэв гісторычным, еографічным, этнографічным, лінгвістычным і дыплёматычным баданём і розправом вшэхпольскім, ойчызнэн свон бялорусіні называён Бялорусь.

У с х о д н і   в у ч о н ы (*запісваючы ўперамежку з Заходнім вучоным*). Пры опросе белоруса выяснено необыкновенную особенность, а іменно: вопрэкі історычэскім, географічэскім, этнографічэскім, лінгвісціческім і дзіпломацічэскім всероссійскім ісследованіям і трудам, — оцечэство своё белорусы почему-то называют Белоруссія.

Вучоныя канчаюць пісаць адначасова, бяруцца за падзорныя трубы, азіраюцца. Паўза.

М і к і т а . Што, мусі вучоныя, сэанс ужо ўвесь, меджду протчым?

У с х о д н і   в у ч о н ы . Весьма вам благодарэн! Моі научныя ісследованія на сегодняшній дзень окончэны. Чэсць імею кланяцься!

З а х о д н і   в у ч о н ы . Незмерне пану вдзенчны естэм. Мое баданя навуковэ на дзень дзісейшы сон закончонэ. Мам гонар пожэгнаць пана!

В у ч о н ы я выходзяць, кожны праз другія дзверы, якімі быў увайшоўшы. Мікіта, кланяючыся, праводзіць іх да дзвярэй, далей — Г а н у л я і Н а с т а, якія хутка варочаюцца назад.

З'ява XIII

Тыя ж (без вучоных).

Я н к а (*да праходзячага міма яго Мікіты*). У вас сягоння, пане рэгістратар, праўдзівы арыстакратычны баль, не забыліся нават і аб інтэрмэдыі.
М і к і т а. А гэта, меджду протчым, што за такая страва?
Я н к а. Не страва, мой пане, а такая маленькая камэдыя ў вялікай трагікамэдыі.
М і к і т а. Не разумею. (*Ідзе да сваіх гасцей.*)
Я н к а (*да Аленкі і Гарошкі*). Як жа вам спадабаліся гэтыя, не пры людзёх кажучы, вучоныя?
А л е н к а. Мне — як мне, а татку — адно цыбук звоніць аб зубы: ці то са страху, ці то з вялікай пашаны да вучоных.
Г а р о ш к а. Не пры мне пісаны гэтыя вашыя вучоныя — вот і ўсё тут!
Д а м а (*да Мікіты*). Вы, мусьце рэгістратар, зрабілі нам сягоння папраўдзе мілую неспадзеўку гэнымі дзвюма пэрсонамі, якія толькі што выйшлі. Тут у Менску так трудна спаткаць праўдзівага вучонага.
М і к і т а. Та-а-к, гэта важныя вучоныя. Але мы не такіх яшчэ пабачым, як будзе ў нас у Менску, меджду протчым, унівэрсытэт.
П о п. Понежэ есць в Мінске духовная семінарыя, то воісціну ізлішне обрэтаць універсітэт, гдзе будзет провозглашаться грэховное светское ученіе.
С п р а ў н і к. Па-мойму, таксама унівэрсітэт непатрэбен, бо завядуцца студэнты, а з імі заўсёды столькі для поліцыі клопату.

Паўза.

М і к і т а (*да Ганулі*). Меджду протчым, мамаша, ці не далі б чаго закусіць нам, бо салавей аднымі песнямі сыт не бывае.

Гануля падае закускі. Госці садзяцца за стол. Поп у цэнтры.

Г а н у л я (*падаўшы закуску, да Янкі, Аленкі і Гарошкі*). Калі ласка, прашу за стол.

Г а р о ш к а (*хрысцячыся*). Што вы, свацейка?! Я — і такія важныя асобы... яшчэ з лаўкі звалюся з перапуду. Не, не!

Я н к а (*да Ганулі*). Мы пяройдзем у мой пакой, каб вам не замінаць.

Г а н у л я. О, не! Павінны сягоння тут сядзець. Як-ніяк Мікіткавы імяніны. Калі не хочаце да ўсіх, то я вам сюды падам закускі.

Г а р о ш к а. І гэтага, свацейка, не трэба. Калі пазволіш, то ў мяне ёсць сёе-тое ў торбе, вот мы і закусім.

Г а н у л я. Рабіце што хочаце, а толькі з хаты не пушчу! (*Ідзе да гасцей.*)

Гарошка дастае з торбы сваю закуску і раскладае на століку.

М і к і т а (*да Ганулі, набок*). Мяжду протчым, мамаша, я вас прасіў не запрашаць іх, а вы ўсё сваё правіце. (*Да гасцей.*) Цяпер, найяснейшыя госці, калі ўсе мы ўжо ўселіся,— можна пачынаць. (*Падымаючы чарку.*) За здароўе дастойных, мяжду протчым, гасцей!

Г а л а с ы. О, не! не! За здароўе імянінніка! Віват! Ура!

М і к і т а. Дзякую, пакорна дзякую! Толькі я мушу ў вас, мяжду протчым, мадамы і мусьі, папрасіць прабачэнняў за скромную, вельмі скромную вячэру. Сучаснае рэвалюцыйнае забурэнне, выклікаўшае часовы ўпадак рангаў і клясаў, падкасіла і экономічныя падваліны дабрабыту рускай інтэлігенцыі, так што калі і скромная вячэра, то не па маёй пэрсональнай віне.

Д а м а. Не вячэра скромная, а вы самі, мусье Зносілов, вельмі скромны. Цяпер такую закуску можна спаткаць толькі ў надта высокіх асоб.

П о п. В нынешнія врэмена дажэ его прэосвяшчэнство воззавідовало бы сім блюдам.

П а н. Ой, часы, часы! Весялей жылі нашы бацькі.

С п р а ў н і к. Ды што — бацькі? Я сам як жыў? Фю-фю!

Д а м а (*дапіваючы чарку*). Але напітак ваш, мусье Зносілов, цудоўны — нічым амброзія.

М і к і т а. Мадам-сіньёра, вы згадалі! Так яно і ёсць: самая натуральная амброзія знамянітай тутэйшай фірмы — а ля самагонка, дастаўленая мне з вінных складаў «Піліп і К°».

Г а н у л я (*да дамы*). Панечка... Мадама музей! Калі ласка, вось гэты далікатны кусочак яшчэ!..
Д а м а. Мэрсі, мэрсі, мадам!
М і к і т а (*да Ганулі, набок*). Меджду протчым, мамаша, не мадам музей, а мадам-сіньёра... Ці ж гэта так цяжка? Ды ў нос, у нос! (*Да гасцей.*) А цяпер, высокашанаваныя госці, падымем тост за нашых наймілейшых мадамаў і мамзэляў.
Г а л а с ы. Хай жывуць! Хай цвітуць нашы кветкі, наша асалода! Віват! Ура!
П о п. Разверзіся врата адовы і сам анціхрыст со сваім сонмом святой Русью завладоша, ежэлі созерцать всё творымое ныне.
С п р а ў н і к. Ні поліцыі, ні поліцмэйстраў!..
П а н. Ні маёнткаў, ні бравароў!
Д а м а. Ні раутаў, ні журфіксаў!
М і к і т а. Ні рангаў, ні клясаў, меджду протчым!
Н а с т а. А, па-мойму, што-небудзь ды ёсць. Есць, напрыклад, свабода: што хачу, тое раблю. Узяць хоць бы тое: хто калі да рэволюцыі ў Менску лузаў семечкі? — ніхто! А цяпер усе і ўсюды — і дома, і на вуліцы, і нават у тэатры лузай сабе ды лузай, шапку на вушы нацягнуўшы.
Г а н у л я (*да папа*). Бацюшка духавы, святы ўгоднік! Калі ласка, яшчэ вось гэты таўсцейшы кусочак.
П о п. Благодарствую, матушка, благодарствую!
М і к і т а (*да Ганулі, набок*). Меджду протчым, мамаша, не святы ўгоднік, а ацец духоўны... (*Да гасцей.*) Цяпер я, высокія госці мае, прапаную тоста...
Н а с т а. Не, не! Я цяпер тоста прапаную. За немцаў. Хай жывуць немцы!
Г а л а с ы. Хай жывуць! Віват! Ура!

Непрыемная паўза. Усе пераглядаюцца паміж сабой.

Д а м а. Можа, дарагія гаспадары дазволяць нам устаць?
Г а н у л я. Калі ласка! Выбачайце толькі за недахватку ў ядзе.
Г а л а с ы. Сыты!.. вельмі сыты!.. дзякуем!.. дзякуем!..

Выходзяць з-за стала і рассядаюцца.

П о п. Не врэмя лі подумаць нам і о ложэ в очаге домашнем?
М і к і т а. І зусім яшчэ не час, меджду протчым, найяснейшыя госці, вось адсунем стол і...

Д а м а . ...Патанцуем, мусье Зносілов?
М і к і т а . Мадам-сіньёра, вы згадалі.
Д а м а . А вы, мусье рэгістратар, мае слабасці адгадалі. Я ўміраю без танцаў.
М і к і т а . Ах, як я рад! Мусі, згодны на гэта?
Г а л а с ы . Згодны! Згодны!
Д а м а . А як з музыкай?
Н а с т а . А грамафон нашто?
М і к і т а . О, не, не! Толькі не грамафон. Вельмі ён крычыць, а я чалавек асцярожны, меджду протчым.
Г а н у л я . Дык на балалайцы, сынок, сыграй: голас у ёй ціхі.
М і к і т а . Калі ж я сам хачу патанцаваць. Можа, папрасіць каго?
Г а н у л я . Я папрашу нашага дзядзьку беларуса — ён умее.
Н а с т а . Не, мадам, я лепей папрашу, і ён не адкажа. Я з пэўных крыніц ведаю, што беларусы падатлівы народ. (*Бярэ балалайку і падходзіць да Янкі.*) Сябра беларус, пайграйце нам.
Я н к а . З ахвотай. Хоць раз паскачаце і вы пад маю дудку.

Грае вальца. Пачынаецца танец: Мікіта з Дамай, Спраўнік — з Настай, Пан — з Гануляй, Поп, Гарошка і Аленка не танцуюць. Вальц з фігурамі, без шаржу, крыху пануры.

Д а м а (*як скончылі танец, да Мікіты*). Вы, мусье рэгістратар, праўдзівы артысты ў вальцы. Я ачаравана вашымі віртуознымі па.
М і к і т а . Мадам-сіньёра, вы цераз лад ка мне міласцівы. Калі і выходзіць у мяне такое-сякое, меджду протчым, па, то мушу быць удзячным нашаму з Юраўскай вуліцы танц-клясісту Грачаніну. У яго я скончыў курс гэтых навук.
Д а м а . Я заўважыла адразу, што вы прайшлі добрую адукацыю.

Паўза.

С п р а ў н і к . Выражаючыся на сучасны лад, бяру сабе слова і ўношу пропозыцыю пакінуць спрэчкі і без рэзолюцыі пайсці дамоў.
М і к і т а . Я протэстую, меджду протчым!
Д а м а . Мусье Зносілов, наша большасць.
М і к і т а . Паддаюся, толькі ж не большасці, а вашаму аднаму голасу, мадам-сіньёра.

Госці падымаюцца, адвітваюцца і апранаюцца ў прынесеныя Мікітам вопраткі. Поп ізноў падтыкае полы, каб выглядаць пацывільнаму.

Мікіта (*перад выходам гасцей*). Мадамы і мусі! мы з мамашай, меджду протчым, вас нямножка правядзём. (*Выйшлі.*)

З'ява XIV

Янка, Аленка, Гарошка.

Аленка (*пырснуўшы смехам*). Ха-ха-ха! Ну і панскае ігрышча дык ігрышча! Ха-ха-ха!
Гарошка (*выняўшы люльку з зубоў*). Цьфу! Няма на іх доўгай пугі.
Янка. Але дзядзька густа іх сваёй піпкай падкурваў. Бачыў, як насамі круцілі ды кіхалі.
Гарошка. А як іначай з гэткімі? — куралём іх, куралём! Шкада толькі, што маці гэтага імянінніка ў гэтакую кампанію ўпуталася.
Аленка (*з удаваным смуткам*). Не ляжыць у таткі сэрца да іх, ой не ляжыць!
Янка. Цікава, да каго ж у цябе, Аленка, сэрца ляжыць?
Аленка. Вы ўжо аб гэтым павінны ведаць з майго лісту.
Янка. А так: да навукі і навучання.
Аленка. Але ж! Вучыцца і навучаць, навучаць і вучыцца. Вось да чаго маё сэрца ляжыць.
Янка. Не была б то мая найздальнейшая вучаніца.
Аленка. Ды яшчэ, як вы казалі,— беларускага роду. Ха-ха-ха! Перахваліце, пане настаўнік. Але ведаеце, што... як...
Янка. Не, не ведаю.
Аленка. Няможна перабіваць, пане настаўнік, калі іншы хто гавора.
Янка. Ого! Мы нават сур'ёзнымі зрабіліся.
Аленка. Дык вось што. Як выехалі вы з Дуброўкі, я ў шапку не спала і паехала ў Вільню!
Янка. Аж у Вільню!
Гарошка. А так, аж у Вільню, пане настаўнік.
Аленка. Там праслухала настаўніцкія курсы, і цяпер я — ваш таварыш: я таксама настаўнік!

Янка (*жартаўліва*). Вельмі прыемна пазнаёміцца з новым канкурэнтам у маёй профэсіі.

Аленка. А цяпер я хачу вучыцца на курсістку, потым на доктара...

Янка. А далей?

Аленка. Далей... не ведаю. Але дзеля гэтай мэты мяне татка і ў Менск да вас прытарабаніў.

Янка. Адно трохі не ў час.

Аленка. Не ў час?

Янка. Так! Гэтыя новыя акупанты ды іншыя згрызоты не даюць табе спакойна працаваць у Менску. На маю думку, найлепей пакуль што ехаць на вёску і там прывучаць да навукі людзей і самой ад іх вучыцца. Бо я таксама выязджаю па вёску.

Аленка. І вы? Ну што ж? на вёску дык на вёску! Нават хоць у пекла, калі вы параіце...

Янка. О, там вельмі горача! Значыцца, згода?

Аленка (*падаючы руку*). Згода!

Янка. Не адкладаючы справы ў доўгі мех, лахі пад пахі ды яшчэ заўтра — марш на свежае паветра!

Аленка. Але і кніжак з сабой набяром?

Янка. Абавязкова!

Аленка (*як бы саромеючыся, спускаючы вочы, сціха*). Але толькі — беларускіх, дзядзька настаўнік!

Янка. Аб іншых і рэчы быць не можа.

Кароткая паўза.

Гарошка (*да Аленкі*). А ты, сарока, калі ўжо адсакатала сваё, аддала б настаўніку тое, што прывезла.

Аленка. Калі я саромлюся.

Янка. Мабыць, нешта надта брыдкое.

Аленка. І зусім не брыдкое, а нават, як цётка Агата казала, дужа прыгожае. Самі гэта скажаце. (*Дастае з торбы прыгожа вышытую кашулю і саматканы ўзорысты пояс і падае Янку, сур'ёзна кажучы.*) Прымеце, калі ласка, дзядзька настаўнік, гэту драбніцу ад сваёй шчыра вам удзячнай і адданай вучаніцы. З нашага лёну гэта кашуля і з нашай воўны гэты пояс. А сама я ўласнымі рукамі ад шчырага сэрца для вас выткала і вышыла.

Гарошка (*падаючы новую, дзераўляную, па-мастацку зробленую лыжку*). А ад мяне прымеце вось гэта... З сваёй яблыні й сваімі рукамі зрабіў.

81

Я н к а (*расчулены*). Дзякую, ад усёй душы дзякую! Не ведаю, чым і заслужыў на гэткую ласку?

Уваходзяць М і к і т а і Г а н у л я.

З'ява XV

Тыя ж, М і к і т а, Г а н у л я.

М і к і т а (*вясёлы, пасвіствае і напявае*). Радуйся, вселенная! Абвяшчаю ўсім, усім, усім: немцы акупавалі, меджду протчым, Менск!..
Я н к а. Ну і чорт з імі!
М і к і т а. І зусім не чорт, пане, хэ-хэ-хэ! беларус. (*Напявае.*)
Немцы едуць, нашы йдуць,
Немцы нашых падвязуць.
(*Убачыўшы Янкавы падарункі.*) Меджду протчым, што гэта ў вас, пане прафэсар?
Я н к а. Праўдзівая кашуля, праўдзівы пояс і праўдзівая лыжка.
Г а н у л я. Якія ж прыгожыя!
М і к і т а. Як уважаю, то і вы сягоння імяніннік.
Я н к а. А праўда, імяніннік, толькі з іншай плянэты.

Званок. Г а н у л я выходзіць і варочаецца, а з ёю С п і ч ы н і.

З'ява XVI

Тыя ж, С п і ч ы н і.

М і к і т а (*уніжліва вітаючыся*). Маё найніжэйшае ўшанаванне, мусе прафэсару! А я думаў, што сягоння ўжо не прыйдзеце.
С п і ч ы н і. Справы затрымалі. Але мы затое пазней пазаймаемся.
Я н к а (*да Ганулі, набок*). А гэта што яшчэ за такі позны госць?
Г а н у л я. Гэта не госць, а нейкі важны дырэктар. Вучыць Мікітку па-нямецку гергетаць. Хто ён родам — напэўна не ведаю. Але сам ён кажа, што ён немец, людзі кажуць, што італьянец, мне здаецца, што ён проста, як і мы, тутэйшы.

Мікіта (*да Ганулі*). Меджду протчым, мамаша, апаражнеце стол, бо нам трэба хутчэй вучыцца «ўрокаў».

Гануля прыбірае стол, пасля ладзіць для Гарошкаў пасцель на падлозе. Ходзіць у іншыя пакоі.

Янка (*да Аленкі і Гарошкі*). А мы, пакуль яны будуць вучыцца сваіх «урокаў», пойдзем у мой пакой.

Выходзяць.

З'ява XVII

Мікіта, Спічыні, Гануля.

Мікіта (*паклаўшы на стол некалькі тоўстых слоўнікаў*). Меджду протчым, я гатоў, мусье профэсар.
Спічыні. Можам прыступіць, мусье рэгістратар. Учора мы збольшага прайшлі аддзел прывітанняў, сягоння павінны іх паўтарыць болей стала. Як вы прывітаеце, спаткаўшы немца?
Мікіта. Гута моргэн, гэр гэрманіш!
Спічыні. Добра! А цяпер, як вы прывітаеце, спаткаўшы немку?
Мікіта. Гута тахт, балабоста прусіш!
Спічыні. І зусім не балабоста, а фрау... Паўтарэце: фрау, фрау, фрау!
Мікіта. Фраву, фраву, фру, фруву... Фраву-ву...
Спічыні. Добра! А як вы прывітаеце, спаткаўшы вось такое... (*паказвае*) малое немчанё?
Мікіта. Шабас гут, гэр кіндар фатэрлянд, меджду протчым!
Спічыні. Ой, куды вы заехалі, куды вы заехалі? Толькі не шабас, а... (*Далёкі стук у дзверы злева. Спічыні, ускочыўшы.*) Нехта ці нешта, здаецца, як бы недзе стукае?
Мікіта. А праўда, меджду протчым, стукае. Можа, ужо гэр гэрманіш?
Спічыні. Усякі стук мяне нэрвуе: не магу спакойна выкладаць лекцый. Пакуль што маю гонар выйсці. Заўтра пачнем прывітанні навыварат. (*Хапае шапку і знікае ў дзвярох справа.*)
Мікіта (*услед Спічыні*). Да мілага спаткання. (*Да Ганулі.*) Меджду протчым, мамаша, мабыць, напраўдзе немец стукае, бо

далікатна. Ідзеце адчынеце дзверы і крыху прытрымайце яго, пакуль я пераадзенуся, бо, чаго добрага, прыйшоў на работу хапаць.

Выходзяць абое, паўза.

(*Варочаецца пераадзеты па-пажарніцку з каскай на галаве, з тапаром пры поясе і з жалязякамі, што лазіць па слупох, пры нагах. Становіцца ў позу і напявае.*)
Гусар, на саблю опіраясь,
В глубокой горэсці стаял...

Уваходзяць Г а н у л я і Н е м е ц у вайсковай форме.

З'ява XVIII

М і к і т а, Н е м е ц, Г а н у л я.

М і к і т а (*беручы «пад казырок» і нізка кланяючыся*). Гута моргэн, гэр гэрманіш. (*Набок.*) Абач, абач, і немцы адзяюцца ў форму а-ля-кум пажарны, гэта — каб не хапалі, мабыць, іх самíх на работу.
Н е м е ц. Ці няможна ў вас папрасіць у гэту манерку трохі вады?
М і к і т а (*набок*). На якую ж халеру пацеў я столькі над шпрэхендэйчам, калі яны па-нашаму лепей ад нас самíх шпрэхаюць? Але, мабыць, гэта мне здаецца, або ён удае, што ўмее па-тутэйшаму. (*Да немца.*) Зіхэнзіш... Заразіш... (*Набок.*) Зірну ў слоўнікі, як яму адказаць. (*Шастае слоўнікамі.*) Можна... можна... колькі... колькі... хочаце... хочаце... вады... вады... Няма гэтага. Каб іх пярун спаліў, такія слоўнікі! (*Да немца.*) Кіндэр фравуну, меджду протчым, фатэрлянд, гэр гэрманіш... (*Падказвае на мігі, што ўлле яму вады.*)
Н е м е ц (*падышоўшы блізка да Мікіты і прыглядаючыся да формы*). О-о! Што я бачу? Рыхтык рускі генэрал. (*Набок.*) Але хоча дурня клеіць, каб выкруціцца ад палону. (*Беручы «пад казырок».*) Ваша прэвасхадзіцельства! Я вас павінен, як верны нямецкі салдат, забраць у палон, бо вы рускі генэрал.
М і к і т а (*перапужаны*). Аяяй! Оеей! Куды ж я падзенуся? Во, меджду протчым, папаўся, як мурза ў студню. Оеей! Оеей! Як жа яму вытлумачыць, што я не генэрал, а калежскі рэгістратар? Пашукаю яшчэ ратунку ў слоўніках. (*Шастае слоўнікам.*) Генэрал...

генэрал... пажарная каманда... Оеей! Оеей! Мая ты босая каманда. Няма ў слоўніку. Дзе той Спічыні? Які яго нячысцік выкруціў у гэтую небяспечную для мяне хвіліну? Оеей! Оеей! Што ён нарабіў мне, гэты гэр профэсар з сваёй навукай! Оеей! Оеей!

Немец. Я чакаю, ваша прэвасхадзіцельства!

Мікіта. Рыхтык, рэхт, меджду протчым, шабас гут, фрау... фатэрлянд... Зараз, зараз! Аяяй! Аяяй! А ратунку аднекуль, а збаўлення аднекуль. Забярэ ў палон, у нямецкі палон, і жыві там як хочаш.

Гануля (*ломячы рукі, да Немца*). А мой жа паночак, а мой жа немчык! Не бяры ў мяне апошняга Мікітку.

Мікіта. Оей! Оей! Што будзе, то будзе, папрабую загаварыць з ім па-нашаму, можа, зразумее. Мусье немец. Ясны пане немец! Я не генэрал, а толькі пажарная каманда... Пажарнік менскай, меджду протчым, пажарнай дружыны, — дакумант маю на гэта з пячаццю. Бачыце, я толькі кум пажарны. Каб я з гэтага месца не зышоў, калі я генэрал!

Немец. Не магу паверыць, ваша прэвасхадзіцельства! Заўсёды генэралы кажуць, што яны не генэралы, калі іхнае генэральства пачынае ім самім бокам вылазіць. А дзеля гэтага — прашу ў палон!

Мікіта. Оей! Оей! І зразумеў і не паверыў. Гвалтам робяць генэралам. Чаму ж ты скрозь дна не правалілася, мая ты пажарная каманда! Аяей! Аяей!

Гануля (*ходзячы па хаце і ломячы рукі*). Маточкі мае родныя, бацечкі мае хрышчоныя! Што гэта робіцца? Садом і Гамора! (*Стукае ў Янкавы дзверы.*) Пане настаўнік! Дзядзька беларус! Ратуйце! Немец Мікітку ў палон цягне!

Уваходзяць Янка, Аленка, Гарошка.

З'ява XIX

Тыя ж, Янка, Аленка, Гарошка.

Мікіта (*стаўшы перад Немцам на калені*). Оей! гэр гэрманіш, кіндар фатэрлянд! балабосточка мой ненаглядны! Не губі маёй маладосці — не бяры ў палон! Больш ніколі не буду генэралам.

Янка (*чуўшы гэту гутарку*). У чым справа?

Мікіта. Оей! Оей! Мусье немец зрабіў мяне, меджду протчым, генэралам і хоча ў палон цягнуць, а я не хачу быць

генэралам і не хачу ў палон цягнуцца. Оей! Оей! Пане настаўнік, бацька беларус! выбаўляй з ягіпецкай няволі!
Янка (*адвёўшы набок Мікіту*). Дайце яму тры рублі, і адчэпіцца.
Мікіта. Дам дзесяць, а толькі ратуйце, меджду протчым! (*Мацае па кішэні.*) Ой, грошы засталіся ў рэгістратарскіх «меджду протчым». Пазычце мне да заўтра.

Янка дае яму грошы, Мікіта падыходзіць да Немца, становіцца на адно калена і падае грошы.

Вось вам, ясне мусье немец, гэр гэрманіш, пакуль што контрыбуцыя, заўтра дам энэксыю, а там, калі не хопіць, жонак, дзяцей залажу, меджду протчым, мамашу, толькі дайце перадышку, не цягнеце ў палон!
Немец (*хаваючы грошы*). Загаварылі б адразу гэткім языком, ваша прэвасхадзіцельства... (*Бярэ «пад казырок» і выходзіць.*)

З'ява XX

Тыя ж без Немца.

Мікіта (*зрываючы з сябе і кідаючы па чарзе аб зямлю часткі пажарніцкага ўбору*). К чорту пажарніцкую каманду! К чорту пажарніцкую кар'еру! (*Пускаючы аб зямлю кнігамі.*) І нямецкае шпрэхэн к чорту! І нямецкая губарнатарская канцэлярыя к чорту! Ад заўтрашняга дня займуся свабоднай профэсыяй — буду на Койданаўскай вуліцы гандляваць нямецкімі рублямі.

Гануля падбірае параскіданае, Аленка штохвіля пырскае смехам, Янка насмешліва ківае галавой, Гарошка пыхкае мацней люлькай і плюе.

З а с л о н а

ДЗЕЯ ДРУГАЯ

Позняя восень. Сцюдзёна. Пад вечар. Месца дзеі — кусок Катэдральнага пляца, называнага іначай мянчанамі «Брахалка», — бліжэй ад Койданаўскай вуліцы, з відам насупроць — вежа з гадзіннікам. Па пляцы колькі дрэў без лісцяў, некалькі садовых лавак. Праз усю дзею праходзяць то сюды, то туды рознага калібру г р а м а д з я н е , г р а м а д з я н к і і йграе напераменку лера і шарманка. Пры падняцці заслоны першым праходзіць справа ўлева Л е р н і к з лерай, а пасля Ш а р м а н ш ч ы к з шарманкай. Некалькі быўшых п а н я ў , стоячы радам, прадаюць усялякія хатнія манаткі. Непадалёк ад паняў такі самы тавар прадае Г а н у л я .

З'ява І

Г а н у л я , М і к і т а .

М і к і т а (*у выцвіўшым чыноўніцкім асеннім пальце з настаўленым каўняром, з парасонам уваходзіць справа; да Ганулі*). Меджду протчым, мамаша, прадалі што-небудзь ці не?
Г а н у л я . А ні на іголачку. Як хто зачараваў. (*Паказваючы на паняў.*) У тых таксама ніхто нічога не купіў.
М і к і т а . Нешчаслівым для гандлю і мне сягоннешні дзень выпаў. Каб хто хоць на смех запытаўся аб марках. «Рускія», кажуць, давай, а нямецкія, кажуць, меджду протчым, немцу прадай. А дзе тут таго немца зловіш, калі — па чутках — амаль не ўсе ўжо з гораду выйшлі. (*Да праходзячага грамадзяніна.*) На хвіліначку, пане мусье! Хачу вам нешта запрапанаваць.

Грамадзянін затрымоўваецца.

Можа, з ласкі сваёй купіце ў мяне маркі?

Грамадзянін іранічна і падазрона змераў яго вачыма ды пайшоў.

Г а н у л я (*Да праходзячай грамадзянкі*). Панечка, купеце ў мяне пацеркі, а можа, дамскі нэсэсэр, а можа, во гэта? — усё за паўцаны аддам, усё за паўцаны.

Грамадзянка паглядзела-паглядзела тавар і пайшла.

(*Да Мікіты.*) Вось так усе яны: паглядзіць і пойдзе, паглядзіць і пойдзе.
М і к і т а . Меджду протчым, мамаша, я вам не адзін раз казаў і яшчэ кажу: у вас няма зусім гандлярскай жылкі, у вас не хапае нават чуткай кемнасці ў гандлёва-прамысловых справах, дзе вымагаецца ад прадаўца пэўнай веды ў пазнаванні душы

купляючага і яго грамадзянскага і соцыяльнага становішча. І вось, напрыклад, меджду протчым, вы толькі што запрашалі: «купеце, за паўцаны аддам, за паўцаны». Разумеецца, кожны падумае, што ў вас зусім дрэнны тавар, якога і за паўцаны не варта купляць. Таксама паміж купляючымі трэба выдзяляць іхнія рангі і клясы — абавязкова; а вы, як, напрыклад, толькі што, не разгледзеўшыся дакладна, хто які йдзе, кажаце проста з моста: панечка, меджду протчым! А па-мойму, зусім не панечка, а самае меншае — мадама, а можа, нават і мадам-сіньёра.

Гануля. Ды якая там яна мадама? Проста нейкая... нейкая...
Мікіта. А хоць бы нават, меджду протчым, і такая нейкая. Усё роўна. У гандлёва-прамысловых адносінах мы павінны рабіць від, што яна і не такая, і не нейкая. Для нас адно важна: каб тавар куплялі, каб тавар не залежваўся.

Паўза.

Меджду протчым, мамаша, я ўважаю, што, апрача ўсяго іншага, сягоння ўдабавак нейкі выключны дзень, і вам ніякай гандлёвай «здзелкі», бадай, не ўдасца ўжо правесці. Дзеля гэтага йдзеце з таварам дамоў і шыкуйце вячэру, а я застануся яшчэ тут. Думаю, што мне ўдасца злавіць, меджду протчым, якога немца і ўсучыць яму ягоныя маркі.
Гануля (*складваючы манаткі*). Толькі пільнуйся, сынок, каб ён не ўздумаў цягнуць цябе ў палон і пры адступленні, як тады — пры наступленні.
Мікіта. Не бядуйце, меджду протчым, мамаша, — я заўсёды знайду выхад з найгоршага крытычнага становішча. Ды я ж прасіў вас, мамаша, не ўспамінаць мне аб гэтай трагедыі майго жыцця.

Гануля маніцца выходзіць.

Ага! Калі спаткаеце профэсара гэр Спічыні, то напомніце яму, што я ўжо яго чакаю на практычную лекцыю араторскага мастацтва, вось толькі схаджу на мінутку на Койданаўскую вуліцу паслухаць, як там стаіць курс на валюту. (*Пайшоў.*)

Гануля, а за ёй **Пані** з манаткамі шнурам выходзяць. Па хвілі ўваходзяць **Янка** і **Аленка**.

З'ява II

Янка, Аленка.

Аленка. Здаецца, мы ўгаварыліся тут пачакаць на татку?
Янка. А так — тутака. Пакуль прыйдзе, можам хвіліну пасядзець.
Аленка (*сеўшы на лаўку, пасля паўзы*). Як вы заўсёды, дзядзька настаўнік, мудра вельмі разважаеце, ажно мяне часам страх бярэ! Вось, напрыклад, ідучы сюды, сказалі вы, што мы павінны дабівацца, каб быць не толькі гаспадарамі самі над сабой, але і над сваёй воляй.
Янка. А як іначай, Аленка. Якімі б раскошамі матэрыяльнымі нас ні надзялялі, ніколі яшчэ не будзем шчаслівы, пакуль чужая воля будзе гаспадаром над нашай воляй. Каб гэтага не было, мы павінны растаптаць, зніштожыць даўгавечную ману, якая вучыць, што мы не ёсць мы, што мы нейкае нешта, якое абы накарміў, як быдлё, дык і сыта будзе. Мы павінны душу нашу народную выявіць у сваім «я», у сваёй самабытнасці і смела сягнуць па сваё неадымнае права самім распараджацца гэтым сваім «я».
Аленка. Але цярністы шлях мусіць прайсці душа народная, пакуль збавіць гэта сваё «я» ад чужой няволі.
Янка (*не слухаючы*). Зірні, Аленка, на Менск! Тут калісь,— як сказана ў нашай песні аб паходзе Ігара, — продкаў нашых галовы снапамі на таку сляліся, душу ім ад цела веялі, а чырвоныя берагі Нямігі не зернем былі песеяны, а касцямі гэных жа продкаў нашых. З гэтага бачым, што яны за нешта змагаліся, каб пад сценамі роднага гнязда косці свае пасеялі... А ўміралі, відаць, і славай, бо ў песні іхняе ўміранне засталося вечна жыць. А ці ж увекавечыць песня змаганне і ўміранне патомкаў? Не! Бо мы змагаемся і ўміраем за чужое.
Аленка. Шмат хто і з нас ужо змагаецца і ўмірае не за чужое, а за сваё, а песня аб іх ужо не забудзе.
Янка. Гэта адзінкі, мілая Аленка. А душа агульнаграмадская яшчэ дрэме.
Аленка. Скіне сваю дрымоту і душа. Абы толькі гэтыя адзінкі, што ўжо змагаюцца, больш ясных паходняў распалілі і асвяцілі сцежкі ўсе для паўстаючай грамады.
Янка. Што ж, можа, і праўда твая, Аленка. Мы як бы пачынаем ужо адплюшчваць вочы і паўставаць проці гэтай

паганай маны, што мы не ёсць мы. Але яшчэ хістаемся то ўправа, то ўлева. Яшчэ ясна азначанай мэты не можам сабе ўявіць. А мэта ў нас адна: калісь амэрыканцы, змагаючыся з Англіяй за сваю незалежнасць, напісалі на сваім сцягу несмяротныя словы: «Амэрыка для амэрыканцаў». І гэта памагло: сягоння Амэрыка вольная. Павінны пайсці і мы па яе слядох і напісаць агністымі рунамі на сваім сцягу: «Беларусь...»

Уваходзіць М і к і т а.

З'ява ІІІ

Я н к а, А л е н к а, М і к і т а.

М і к і т а (*да Янкі, падышоўшы да яго пры апошніх словах і не пазнаўшы*). Пане мусье, можа, патрабуеце маркі? (*Пазнаўшы.*) Ах, гэта вы, меджду протчым, пане профэсар!
Я н к а. Во, неспадзяванае спатканне. Як маецеся, пане рэгістратар?
М і к і т а. Дзякую, меджду протчым. Так сабе. Нічога сабе. Што ж вы тут парабляеце?
А л е н к а. Мы прыехалі татку з палону вызваляць. Бачыце, немцы яго ў абоз пагналі, дык мы, баючыся, каб яго ў Нямеччыну не загналі, паехалі ўслед на падмогу. То ж у мяне адзін татка на цэлым свеце, павінна ратаваць!
М і к і т а. Так, так! Было б няважна, каб звезлі з хаты апошняга, меджду протчым, бацьку.
Я н к а. А што вы тут парабляеце, пане рэгістратар: маркі людзям раздаяце?
М і к і т а. Меджду протчым, не раздаю, а прадаю, а гэта вялікія дзве розніцы. Але, як уважаю, то вы яшчэ не ведаеце, што я для стварэння сабе новай кар'еры пакінуў чыноўніцтва і перайшоў на свабодную профэсію.
Я н к а. Што ж гэта? па-вашаму — гандаль на Койданаўскай біржы валютай — свабодная профэсія?
М і к і т а. А чаму ж бы не так? Па-мойму, зусім свабодная. Вось хоць бы судзіць з таго, што калі я перайшоў на яе, то пачуўся, як птушка тая, зусім свабодным. Меджду протчым, змалку дзён мяне цягнула да свабоды і гандлю.
Я н к а. Хіба да свабоднага гандлю сумленнем і гонарам.
М і к і т а. Меджду протчым, дзядзька беларус, вы мяне

абражаеце.

Я н к а . Выбачайце, пане рэгістратар, — можа, я крыху і памыліўся.

М і к і т а . Меджду протчым, не крыху, а зусім памыліўся. Але мяне зласлівыя гутаркі зайздросных людзей мала абходзяць. Назло ім незадоўга пераходжу яшчэ на адну свабодную профэсію.

Я н к а . Цікава — якую?

М і к і т а . Буду аратарам.

Я н к а . Вы — аратарам? Ха-ха-ха! Ха-ха-ха!

М і к і т а . Меджду протчым, нічога тут смешнага. Не сягоння-заўтра нрыходзіць новая ўлада, а з ёй такая політычная сытуацыя, пры якой здольны аратар будзе магчы купацца як сыр у масле.

Я н к а . Але ж вы, пане рэгістратар, звар'яцелі. Вашы дзікія — не скажу чарнасотніцкія — перакананні і новая політычная сытуацыя?! Гэта ж як узлезеце на вышкі араторыць, то вам гэта новая сытуацыя такога пытлю задасць, што і сваіх не пазнаеце. О, не! Гэта свабодная профэсія не для вашага рэгістратарскага светагляду.

М і к і т а . Не разумею, пры чым тут мой, меджду протчым, светагляд. Можна мець светагляд адзін, думаць другое, гаварыць трэцяе, а рабіць чацвертае, як навучае мой профэсар гэр Спічыні. І я пастанавіў у сваёй араторскай профэсіі моцна прытрымлівацца гэтай мудрасці.

Я н к а . Баюся, што гэта мудрасць дасць вам чэк на свабоднае месца у менскім астрозе.

М і к і т а . Меджду протчым, такіх невясёлых рэзультатаў і быць не можа. Аратар, маючы кожны раз напагатове адшліфаваны практыкай язык, заўсёды патрапіць выпутацца з бяды.

А л е н к а . А чаму б вам, пане Нікіці, замест коўзацца па слізкіх і небяспечных для вашай асобы пуцявінах, не заняцца чым-небудзь болей рэальным і грунтоўным. Напрыклад, вы болей прынеслі б для сябе і для грамадзянства карысці, каб узяліся... ну хоць бы...

Я н к а (*перабіваючы*). ...на Камароўцы козы пасвіць? І чаму б, самдзеле, не так? А профэсія чыстая і, разумеецца, свабодная.

М і к і т а . Меджду протчым, мусье беларус, такая свабодная профэсія не вяжацца з маёй рангай колежкага рэгістратара.

Я н к а . А шкада, вельмі шкада! Лепей быць добрым

пастухом, чымся недапечаным рэгістратарам ці аратарам.

Уваходзіць Гарошка.

З'ява IV

Янка, Аленка, Мікіта, Гарошка.

Гарошка (*уваходзіць з пугай, пыхкаючы люльку*). Во добра, што застаў вас! Я ўжо ўсё сваё зрабіў, і можам ехаць дамоў. (*Пабачыўшы Мікіту.*) І вы тут, ды яшчэ з парасонам?
Мікіта. Як бачыце! Меджду протчым, што вы тут, дабрадзею, робіце з пугай: пасвіце каго?
Гарошка. А так! Збіраўся пасвіць тутэйшых чынадралаў, але не ўспеў, — прыйшлося выганяць з Менску абскубандаў.
Аленка. Не абскубанды, тата, але акупанты.
Мікіта. І вы, мабыць, яшчэ адно пераблуталі: здаецца, немцы хацелі вас выганяць, пагнаўшы ў абоз...
Янка. Дзядзька Гарошка зусім не пераблутаў. Усё роўна на яго выйшла: акупанты ўцяклі, а ён застаўся.
Аленка (*зірнуўшы ўбок*). А гэта што за такія пілігрымы брыдуць сюды?
Мікіта (*зірнуўшы*). Гэта, здаецца, мае быўшыя імянінныя госці.

Уваходзяць шнурам з катомкамі за плячыма і з кіямі ў руках: Дама, Поп, Спраўнік і Пан.

З'ява V

Тыя ж, Дама, Поп, Спраўнік, Пан.

Мікіта (*вітаючыся, надскакваючы*). Каго я бачу, меджду протчым! Якое мілае, неспадзяванае спатканне! Ці не мядзведзь здох? Цалую ручкі мадам-сіньёры! Айцу духоўнаму маё сыноўняе ўпакарэнне! Вашародзіе, прымеце пакорны прывет! Маё найніжэйшае ўшанаванне, ясне пане грабя! Сядайце, калі ласка, сядайце!

Прыйшоўшыя сядаюць.

П о п . Ох, дзелеса — чудзеса! Прогрэшэнія нашы неісчыслімыя. Навождзяху оне на себя возмездзіе необозрымое.

М і к і т а . Куды ж гэта, калі можна спытацца, мадам-сіньёра і мусье, свае, меджду протчым, пэрсоны скіравалі?

С п р а ў н і к . Часова адступаць прыйшлося. Эвакуемся туды — на Захад, дзе сэрцу прытульней і грудзям дышыцца «вальготней».

Д а м а . Часова перанашу сваю філянтропійную чыннасць на тэрыторыю...

М і к і т а (*перабіваючы*). Быўшых нашых ворагаў — гэрманаў, мадам-сіньёра?

Д а м а . Мусье рэгістратар, вы згадалі!

Г а р о ш к а (*да Пана*). Значыцца, паны, даіцё лататы?

П а н . А так, прыходзіцца, толькі хай там ваша вёска вельмі ў двор мой не прэцца, бо як вярнуся...

М і к і т а (*перабіўшы*). І ўсё гэта праклятая, меджду протчым, рэволюцыя нарабіла.

Я н к а . Што, кусаецца? Вы, пэўна б, хацелі і з печкі зваліцца і патыліцы не адбіць? Рэвалюцыя, мае паны, не цётка — па галоўцы гэткіх сваіх прыяцеляў не гладзіць.

Д а м а . Мусье беларус, вы, як я ўважаю, напоўнены навевамі новага часу і належыце, мабыць, да новай партыі стоікаў, якія не паддаюцца эвакуацыі і застаюцца на месцы?

Я н к а . Паддаецца эвакуацыі ў сягонешні час толькі той, у каго або нячыстае сумленне, або ён сядзеў тут збоку прыпёку, не раўнуючы, як пустазелле на сялянскай градзе.

Д а м а (*да Мікіты*). А вы, мусье рэгістратар, калі прыняць пад увагу доводы мусье беларуса, то пэўна заставацца тут не будзеце і нашым шляхам пойдзеце?

М і к і т а . Мадам-сіньёра, вы не згадалі: я, меджду протчым, застаюся. Як істы рускі патрыёт, я змушаны пакуль што стаяць тут на варце сваіх ранговых і руска-ісціных інтарэсаў. Хоць, можа, я гэтак рызыкую нават сваёй, меджду протчым, пэрсонай, але місію сваю мушу стойка выпаўняць.

Я н к а . Мне здаецца, пане рэгістратар, што вы так запуталіся ў сваіх рангах, клясах і свабодных профэсіях, што ўжо не здольны да ніякае місіі — нават да тэй сваёй роднай, ісціна-рускай місіі.

М і к і т а . Меджду протчым, не забывайце, пане беларус, што я найздальнейшы вучань акадэмікаў Скрынчанкі й Саланевіча. Апрача таго, нас бацька Пурышкевіч, быўшы ў

Менску тут, замеціў і, ад'язджаючы, на гэтую місію благаславіў.

Паўза.

Г а р о ш к а . А вы, бацюшка, таксама за імі (*махнуўшы пугай*) туды — упрочкі?..
П о п . Нет, чадо мое. Акі пастыр, я должэн остацься пры агнцах своіх, я только провожаю сірых сіх, дабы іх напутствовацъ на путь неведомый.
С п р а ў н і к . Але, панове, час нам ужо ў дарогу! Вораг не спіць і ўжо блізка: можа адрэзаць нам усе ходы для адступлення.
Г а л а с ы . А так! Праўда! Час!
М і к і т а . Пагасцілі б, мадам-сіньёра і мусі, яшчэ хоць з хвіліну!..

Д а м а , П о п , С п р а ў н і к , П а н устаюць, раскланьваюцца і шнурам выходзяць у праціўны бок, з якога прыйшлі былі.

П о п (*ідучы ўслед за адходзячымі, паказваючы на іх рукой*). Акі пціцы небесныя, отлетаюшчы на зімнее время в жаркія страны. Да храніт іх в странствіі мацер неопалімыя купіны і мацер крупіцкая!

З'ява VI

М і к і т а , Я н к а , А л е н к а , Г а р о ш к а .

М і к і т а (*як тыя выйшлі*). Ах, забыўся запрапанаваць ім купіць у мяне маркі! Пэўна з «царскімі» эвакуюцца.
Я н к а . Не турбуйцеся! Яны, як праўдзівыя патрыёты, з «царскімі» не разлучаюцца.
М і к і т а . Вы, пане настаўнік, як я заўважыў, чагосьці недалюбліваеце нашай чыстай інтэлігенцыі.
Я н к а . Для вас, як для рускага колежскага рэгістратара, яна, можа, й чыстая, але для мяне яна — «Варшаўске смецце, грязь Масквы», як сказаў вешчы Шаўчэнка.
Г а р о ш к а (*паказваючы пугай*). А во яшчэ два дапатопы!

Уваходзяць В у ч о н ы я — адзін з аднаго боку, другі з другога, разглядаючы праз свае падзорныя трубы.

З'ява VII

Тыя ж, У с х о д н і   в у ч о н ы, З а х о д н і   в у ч о н ы.

У с х о д н і   в у ч о н ы (*стукнуўшыся з Заходнім*). Чорт подзеры!
З а х о д н і   в у ч о н ы. Пся крэў!
У с х о д н і   в у ч о н ы. Ізвініце, сударь!
З а х о д н і   в у ч о н ы. Пшэпрашам пана!
У с х о д н і   в у ч о н ы. І вы здзесь?
З а х о д н і   в у ч о н ы. І пан ту?

Кланяюцца адзін аднаму і прысутным.

У с х о д н і   в у ч о н ы (*да Янкі*). Очэнь кстаці, что вы, господзін белорус, здесь. Необходзімо почэрпнуць от вас сведенія касацельно цэрыторыяльных данных обласці, іменуемой вашым племенем — Белорусь.
Я н к а. О, наша тэрыторыя, пане вучоны, вельмі вялікая — і вокам не дастаць! Уся Менская Брахалка, на якой вы, як бачу, гэтай тэрыторыі шукаеце, ды яшчэ далей.
З а х о д н і   в у ч о н ы. А чы не можэце, пане бялорусін, поінформоваць венцэй шчэогулово о тэм вашым «далей»?
Я н к а. З гэтага нічога не выйдзе, пане вучоны. Бо абхапіць гэтае «далей» закороткі вашы пяты.
У с х о д н і   в у ч о н ы. Так, так! (*Запісваючы ў нататнік*) Пры опросе аборыгенов Северо-Западного края о процяжэнні занімаемой імі цэрыторыі выяснілось, что таковая включает в себе всю область Мінской Брэхалкі да ешчо далей... На вопрос, как далеко распространяется оное «далей», мой собеседнік із племені белоруссов об'ясніл на местном обшчэрусском говорэ, что для постіжэнія сего «далей» у наукі вообшчэ і в частності ў западной наукі короткі пяткі.
З а х о д н і   в у ч о н ы. Так, так! (*Запісваючы ў нататнік упарамежку з Усходнім вучоным.*) Падчас бадання тубыльцув, осядлых на Всходніх Крэсах польскіх, о розмярах замешкалэго пшэз ніх тэрыторыуму зостало высветлёным, іж данэ тэрыторыум вхланя в себе цалкем провінцыён Мінскей Брэхалкі і ешчэ далей... На

95

запытане, як сень далеко распостшэня овэ «далей», муй інфарматор походзонцы од бялорусінув ожэкл в огульнопольскім мейсцоным нажэчу, іж для осёнгненця онэго «далей» наука наогул, а в шчэгульносці наука Всходня посяда за крутек пенты.

У с х о д н і   в у ч о н ы (*скончыўшы пісаць*). Благодару покорно!

З а х о д н і   в у ч о н ы (*скончыўшы пісаць*). Дзенькуен упшэйме!

Абодва раскланьваюцца і выходзяць — кожны ў працівны бок, з якога прыйшоў быў.

З'ява VIII

М і к і т а , Я н к а , А л е н к а , Г а р о ш к а .

А л е н к а . На гэтых дык няма ніякага ўпынку! Шныраць і шныраць, як свінні ў чужым агародзе.

М і к і т а . Мудрыя людзі — гэтыя вучоныя. Я заўсёды схіляю перад імі сваю, мэджду протчым, галаву.

Я н к а . Асабліва перад гэтымі вы павінны як найніжэй схіляць.

М і к і т а . Чаму так?

Я н к а . Бо вы ад гэткіх вучоных чэрпаеце сабе ўдзяткадайны клёк для падтрымання сваіх рэгістратарскіх кар'ераў у тутэйшым краі.

А л е н к а . Ці не час ужо, дзядзька настаўнік, пакінуць гамонку ды йсці ў заезд, а то, чаго добрага, Шая замкне браму?

Я н к а . Ой, час, час! (*Да Гарошкі.*) А ці вы, дзядзька, пакупкі свае зрабілі?

Г а р о ш к а . Дзе там! Дарма толькі вытаптаў з паў-Менску — як у шабас, усе крамы пазачыняны. Паеду без табакі.

А л е н к а (*жартаўліва*). Якое няшчасце! Гэта ж як у таткі пачнецца вялікі табачны пост, дык задасць ён усім нам табакі!

Г а р о ш к а (*дабрадушна*). Табакі не табакі, а перцу калі-небудзь дастанеш ты ў мяне за свой доўгі язык.

Я н к а . Хаця не пабецеся стары з малой за табаку. Мушу хутчэй вас адгэтуль весці. (*Да Мікіты, адвітваючыся.*) Бывайце здаровы, пане рэгістратар! Жычу вам у новай аратарскай прафэсіі дастукацца асэсарскай ранті.

М і к і т а . І вам таго самага, пане беларус, у вашай, меджду протчым, беларускай профэсіі.

Я н к а , А л е н к а і Г а р о ш к а выходзяць. Па хвілі ўваходзіць **С п і ч ы н і** .

З'ява IX

С п і ч ы н і , М і к і т а .

С п і ч ы н і . Даруйце, мусье Зносілов, што змусіў вас крыху на сябе чакаць. Але апошнія дні так многа маю лекцыяў па аратарству, што папасці ўсюды ў свой час няма аніякай змогі.
М і к і т а . Я вельмі рад, што ўсё ж такі вам, гэр профэсар, удалося ка мне папасці. Бо выступаць, меджду протчым, з трыбуны без практычнай лекцыі неяк ні сёе ні тое.
С п і ч ы н і . Цяпер ужо будзеце магчы выступаць хоць і заўтра. Можам пачынаць, мусье рэгістратар!
М і к і т а . Меджду протчым, я гатоў, мусье профэсар!
С п і ч ы н і . Узлазьце на трыбуну, мусье рэгістратар.

Мікіта становіцца на лаўцы.

С п і ч ы н і . Цяпер зрабеце позу. Крыху не так — прасцей фігуру і вышэй галаву, вочы — удаль. Левую руку абапрыце на левы клуб. Так! Так! Правая рука застаецца свабоднай — гэта, каб у патрэбных момантах вашай араторыі можна было, заціснуўшы кулак, патрасаць ёю над аўдыторыяй. Цяпер, калі зрабілі сабе араторскую паставу, пачынайце прамову. Спачатку кажаце ціхім-ціхім голасам, пасля штораз — мацней, а пад канец бухаеце грамабойным голасам і, разумеецца, на чым свет патрасаеце кулакамі. Ну, цяпер пачынайце араторыю на тэму: «Пролетарыят і буржуазія».
М і к і т а . Вельмі паважаныя, меджду протчым, мадамы, вельмі паважаныя, меджду протчым, мусі! Да апошняга часу пролетарыят эксплёатаваў буржуазію. Буржуазія з усіх жыл выбівалася, каб здабыць сабе на чорны дзень якую жменю золата або кусок якога маёнтку, а пролетарыят, меджду протчым, у гэты бок і пальцам не ківаў; усёй работы яго было, што толькі, меджду протчым, працаваў, ды йшчэ за гэтую мізэрную працу цягнуў крывавую капейку з беднай буржуазіі. Буржуазія з кожным днём

ад недастаткаў таўсцела — казаў той — расла не ўвышкі, а ўпапярэчкі, меджду протчым, як той гарбуз, а пролетарыят ад роскашы цяней — казаў той — рос не ўпапярэчкі, а ўвышкі, меджду протчым, як тая тычка. Дзеля таго (*трасучы кулаком*) далоў!.. далоў!..

С п і ч ы н і . Затрымайцеся на мінутку. У сваёй араторыі вы пераблуталі лёгічныя тэрміны, і там, дзе павінна стаяць першае, у вас чамусьці другое, а дзе — другое, там стаіць першае. Ужо я вам казаў, што тэорыя араторскага мастацтва не любіць, каб выкідалася перад аўдыторыяй тое, што ў вас папраўдзе накіпела на вантробе. Можаце думаць усё, што толькі вам падабаецца, але гаварыць абавязаны толькі тое, што іншым падабаецца. Толькі такім чынам вы зробіце сабе на свабоднай араторскай профэсіі якследную асэсарскую кар'еру. Цяпер папробуйце сказаць араторыю на тэму: «Рэволюцыйная самадысцыпліна».

М і к і т а . Ша... Шан... Не так... Меджду протчым, мае панечкі і мае паночкі! Рэволюцыйная самадысцыпліна... рэволюцыйная самадысцыпліна... гэта такая, меджду протчым, дысцыпліна, што мае два канцы — то яна ўсіх б'е, то яе ўсе б'юць, бо контррэволюцыйная дысцыпліна не спіць у шапку. З гэтае прычыны і рэволюцыйная самадысцыпліна не мае права спаць, меджду протчым, у шапку, бо йначай праспіць усю сваю гаспадарку. Дзеля гэтага (*трасучы кулакамі*) далоў... далоў... І так, меджду протчым...

С п і ч ы н і . Затрымайцеся. Гэта ў вас выйшла нібы лепей. Цяпер выслухайце маленькія дзве асцярогі: першае — калі ўзыйдзеце на трыбуну, то ёмка зачашэце сабе на галаве думку аб тым, пры якой політычнай сытуацыі выступаеце з араторыяй. Другое — найбліжэйшая політычная сытуацыя, пры якой першы раз прыйдзецца выступаць вам публічна, апіраецца на пэўных пляцформах. Дзеля гэтага, перш чымся араторыць, вы павінны выбраць сабе стойкую пляцформу і толькі адну, а не дзве або тры, бо йначай можаце паскаўзнуцца і зваліцца з усіх трох разам.

М і к і т а . Меджду протчым, магу я зысці ўжо, мусье профэсар, з трыбуны?

С п і ч ы н і . Можаце ўжо зысці, мусье рэгістратар, з трыбуны.

Мікіта зыходзіць.

Ахвяруем цяпер колькі хвілін на тэорытычнае асвятленне

некаторых звязаных з аратарствам пытанняў. Вось, напрыклад, як вы сабе разумееце мітынг?

Мікіта. Мітынг, мусье профэсар, мітынг, меджду протчым, гэта нешта такое, што выдумалі ангельцы для тых, якія нічога не хочуць рабіць, а толькі ходзяць і варон страляюць. Мітынг, меджду протчым, гэта тое самае, што пераліванне з пустога ў парожняе. Мітынг — гэта тое з вушамі таварыства, дзе араторыць буду я, а слухаць будуць яны і крычаць будуць: віват, рэгістратар Зносілов! — калі іх па шэрсці пагладжу, і — далоў, рэгістратар Зносілов! — калі пагладжу іх проці шэрсці, меджду протчым.

Спічыні. Усё гэта як бы так і як бы не так. Але да гэтага яшчэ вернемся. Цяпер мне адкажэце на адно пытанне, і на сягоння будзе годзе. Вы што-небудзь ведаеце аб савецкім ладзе?

Мікіта. Оей! Нават добра ведаю.

Спічыні. Аб гэтым у вас павінен быць ясны, дужа ясны светагляд, адным словам — пад арэх.

Мікіта. Савецкі лад... Савецкі лад, меджду протчым, Гэнрых Мотавіч... Савецкі лад... гэта... гэта такая чырвоная паводка... такая, меджду протчым, паводка, аб якой не снілася ні Фараону, ні Салямону... Савецкі лад гэта... гэта...

Спічыні (*ускочыўшы з лаўкі*). Пардон! У мяне разбушаваліся нэрвы. Сюды машыруе нейкі немец. А я страшэнна не люблю спатыкацца з ворагам, калі ён наступае і калі ён адступае.

Мікіта. О так! Асабліва страшна з ім спатыкацца, меджду протчым, калі ён наступае.

Спічыні. Маю гонар кланяцца! (*Шпарка выходзіць.*)

Уваходзяць Наста і Немец.

З'ява X

Мікіта, Наста, Немец.

Мікіта. Наша найніжэйшае, меджду протчым, ушанаванне мамзэль Насце!

Наста. Добры вечар! Добры вечар, мусье Нікіці!

Мікіта. Што ж гэта вы, мамзэль Наста, не самі адны, а з гэрам немцам, як з нявіннай ахвярай свайго, меджду протчым, чарадзейскага сэрца?

Наста. Ужо даўно маё сэрца — не маё, а сядзіць у пастцы другога сэрца... (*Усміхаючыся.*) Чыйго?.. Вы, мусьце Нікіці, пэўна ведаеце. А немец? Як мне напэўна вядома з пэўных крыніц, то гэта апошні з роду магіканаў, які, згодна з Берасцейскай умовай, пакідае сягоння нашы менскія палестыны і махае свае крокі туды, адкуль прыйшоў.
Мікіта. Але й палонных, як уважаю, па дарозе хапае. Ці гэта, можа, вы дабравольна, меджду протчым?
Наста. О, немцам цяпер не да чужых генэралаў. Яны цяпер заняты спэцыяльна хапаннем сваіх жа ўласных генэралаў. Бо, як чула я ад пэўных асоб, у іх таксама рэволюцыя. А вось гэтага — дык я толькі ахвяравалася правесці да Брахалкі.
Мікіта. А ці не ведаеце, мамзэль Наста, можа, яму на дарогу маркі патрэбны, бо я маю да прадання?
Наста. Спытайцеся.
Мікіта (*да Немца*). Меджду протчым, гэр гэрманіш, можа, купіце германскія маркі?

Немец паказвае на мігі, што не разумее, у чым рэч. Мікіта дастае партманэ, а з яго грошы і на міг паказвае немцу, каб купіў. Н е м е ц тлумачыць на мігі, што яму грошы не трэба, бярэ «пад казырок» і выходзіць.

З'ява XI

Мікіта, Наста.

Мікіта (*палажыўшы, не помнячы, партманэ з грашыма на лаўку*). Ну і немец, меджду протчым! Сваіх жа нямецкіх марак не хацеў купіць. Але што гэта — ці ён нямы, што ні слова не адказаў мне на запытанне?
Наста. Не нямы, а толькі немец і па-нашаму не разумее.
Мікіта. Гм! Цікава! А чаму той, што маніўся мяне ў палон, меджду протчым, узяць, як рэпу сек па-нашаму?
Наста. А гэта іншая рэч. У іх, як мне з пэўных крыніц вядома, ёсць спэцы ад усялякіх языкоў, ну вы і нарваліся на гэткага спэца.

Паўза.

Мікіта (*набок*). Страшэнна, меджду протчым, адпаведная

хвіліна, каб паўтарыць мамзэль Насце сваю адвечную пропозыцыю.

Наста. Аб чым гэта вы так задумаліся, мусье Нікіці?

Мікіта. Ды ўсё аб тым самым, меджду протчым, хэрувімская мамзэль Наста: аб вас мае думы ўпалі ў глыбокую задуму.

Наста. І глупства робяць гэтыя вашы думы. Я ж вам ужо цяперся забараніла думаць аба мне, пакуль не зробіцеся асэсарам! Значыцца, і не маеце права думаць.

Мікіта. Не магу вытрываць, сэрафімская, меджду протчым, мамзэль Наста, аніяк не магу вытрываць! (*Становіцца на лаўцы перад Настай на калені, засланяючы збольшага яе й сябе распушчаным парасонам.*) Мадоністая мамзэль Наста! Каханне маё, меджду протчым, вульканічнае! Падаруйце ж мне, нарэшце, сваю абымальную руку і сваё трапятлівае сэрца. Асэсарам буду я, вось пабачыце, што буду! Ужо я стаю на вялікай дарозе да славы, да славы знамянітага, меджду протчым, аратара. А там як піць даць атрымаю асэсарства. Меджду протчым, чырвоным асэсарам буду! Толькі прымеце мяне, жываворнакрынічная мамзэль Наста, у пакорныя і вечныя слугі вашага, меджду протчым, сіньёрыстага сэрца.

Наста. Хапун вас не схопіць, мусье Нікіці, калі яшчэ крыху пачакаеце на мае рукі і на маё сэрца. Толькі тады з гэтага квасу будзе піва, калі я з пэўных крыніц напэўна даведаюся, што вы не рэгістратар толькі, а ўжо асэсар. А іншых залётаў ды іншых каханняў мой організм не прымае. Пакіньце кленчыць на лаўцы, а так сабе на зямлі чакайце. Будзьце здаровы! Мушу збегаць у вадну пэўную крыніцу. (*Выходзіць.*)

Мікіта (*яшчэ кленчачы і працягнуўшы з парасонам рукі ўслед Насце*). О, ранга мая асэсарская! О, кляса мая бонтонная, беспардонная!

З'ява XII

Мікіта, Абарванец.

Абарванец (*увайшоўшы з таго боку, куды Наста выйшла, ды кленчачага з працягнутымі рукамі Мікіты*). Пажэртвуйце, таварыш, безработнаму!

Мікіта (*зышоўшы з лаўкі, набок*). Пачынаецца! Падумаеш, таварыш! (*Да Абарванца.*) Выбачайце, я не таварыш, а, меджду протчым, буржуаз, а як вам хіба ведама — буржуазія нічым не жэртвуе. (*Сярдзіта адварачваецца набок.*)

А б а р в а н е ц (*патросшы кулаком, набок*). Пачакай! Заўтра ты ў мяне йначай запяеш! Заўтра ты ў мяне папросіш пажэртваваць. (*Забірае пакінутае на лаўцы партманэ і выходзіць.*)

З'ява XIII

М і к і т а.

М і к і т а (*да праходзячай з чырвоным сцягам групы грамадзян і грамадзянак*). Мо, шаноўныя мадамы і мусы, патрабуеце купіць марак? (*Мацаецца па кішэнях.*) Новенькія... Але, новенькія... Дзе ж яны? (*Прыглядаецца на зямлю, на лаўку.*)

Грамадзяне і грамадзянкі, пырснуўшы смехам, пайшлі.

Сцягнуў нехта! Апошнія грошыкі сцягнуў, меджду протчым, і рускія і нямецкія. Заўтра не будзе за што і рук зачапіць. (*Апускаецца з уздохам на лаўку, кладзе на паруччы рукі, звешвае на іх галаву і ўпадае ў глыбокую напаўсонную задуму.*)

Паўза.
Пачынаецца танец Ценяў пад музыку шарманкі. Пасля некалькіх мінут раптоўна ўрываюцца зыкі вайсковай музыкі, граючай цырыманіяльны марш, і крыкі: «Ура! Ура!» Танцуючыя Цені нікнуць.

М і к і т а (*ускаквае і пад тахт музыкі топчацца на адным месцы. Пасля быстра выцягвае з кішэні чырвоную хустачку, прывязвае да парасона, становіцца на лаўку і, таксама маршыруючы пад музыку на адным месцы, махае каля галавы парасонам з хусткай і крычыць.*) Хай жывуць свабодныя профэсіі! Хай жывуць чырвоныя асэсарскія рангі!

З а с л о н а

ДЗЕЯ ТРЭЦЯЯ

Той самы, што ў першай дзеі, Мікітавы пакой. У беспарадку накідана ўсякіх хатніх рэчаў, як бы яны сабраны былі з некалькіх пакояў. Люстра, грамафона і мяккіх крэслаў няма. Шпалеры павыдзіраны і кускамі звісаюць к долу. Абразы і малюнкі — тыя самыя, што ў першай дзеі, — перавернуты тварам да сцяны. Па ўсіх свабодных мясцох расклеены па сценах друкаваныя ўрадавыя пастановы, дэкрэты, лозунгі, загалоўкі тагачасных газет, плакаты. Вісіць балалайка. Калі падымаецца
заслона, Г а н у л я, закасаўшы рукі, мые бялізну ў начоўках, непадалёк сядзіць Г а р о ш к а і пыхкае люльку.

З'ява I

Г а н у л я, Г а р о ш к а.

Г а р о ш к а. Аб чым жа, тое-гэта, хацеў я казаць?
Г а н у л я. А нешта нейкае аб высяленні была ў цябе, сваток, гутарка напачатку.
Г а р о ш к а. Ага, успомніў! Дык вось, як нашы гэткім чынам апошні суд з князем прайгралі, пачалося тое высяленне. Але як, свацейка, пачалося?! Нашы ўсё роўна не хацелі пакідаць сваіх загаспадараных сяліб. Ну, што ж? Нагналі гібель казакаў, сам нават спраўнік з Менску прыехаў. Тады ўсе мужчыны і ўсе кабеты, найболей старэйшыя, паклаліся ўпоперак вуліцы. «Хай высяляюць! — сказалі сабе гэтак. — Хай праз нашы галовы ўвойдуць у нашы родныя хаты!» Ну, разумеецца, казакі не спалохаліся гэтага. Рынулі ўсёй гурмай на конях праз ляжачы народ, а за імі прыстаў на сваёй варанай тройцы. На капусту людзей зрэзалі і на кашу з зямлёй змяшалі. Бацька й маці мае таксама там засталіся.
Г а н у л я. Мы наракаем, што цяпер цяжка жывецца, а як падумаеш, дык і ўперад не вялікі мёд быў.
Г а р о ш к а. І чамярыца яго ведае, як гэта неяк хітра на свеце ўстроена! Паны былі польскія, законы — рускія; польскія лаюць рускіх, рускія лаюць польскіх, а як прыйдзе што да чаго, каб нашага простага чалавека пакрыўдзіць, дык і польскія і рускія ў адну дудку граюць.
Г а н у л я. Ды яно ж гэтак, мой сваток. Каму па каму, а нам, казаў той, дык два камы.

Гарошка. Наш настаўнік, Янка, дык той без ніякага нічога, як тапаром сячэ: «Пакуль, кажа, не зробімся самі сабе гаспадарамі, датуль ніякага ладу, ні складу ў нас не будзе. Гэты пастаўнік добры і дужа разумны чалавек, але трохі галава яго нечым заведзена, бо мала, што сам носіцца, як кот з салам, з усялякімі мудрымі думкамі, дык яшчэ, як на тое ліха, і маёй Аленцы ў галаве ўсё дагары нагамі перакуліў. І цяпер тая ўжо, як папуга, паўтарае за ім: «Недачаканне іх! — кажа. — Будзем самі сабе гаспадарамі!»

Гануля. Звычайная рэч, мой сваток. Маладое піва заўсёды шуміць.

Гарошка. Так яно так. Але найчасцей ад гэтага шуму нам, бацьком, галава баліць. Я табе йшчэ не казаў, мая свацейка, што ў мяне апрача Аленкі быў і сын — Юрка. Удалы дзяцюк быў, ах які ўдалы! і таксама шумеў, занадта ўжо шумеў. І што? Самахоць за нінашто асіраціў мяне. Служыў тады ён у Маскве на нейкай фабрыцы. А там — помніш? — у дзевяцьсот пятым годзе пайшлі забастоўкі ды іншыя непарадкі. Як людзі казалі, і мой Юрка не адстаў. Вылез на вуліцу і давай з іншымі на чым свет шумець і крычаць: «Зямлі і волі!» Разумеецца, за такі крык жандармы і збяёдалі яго з гэтага свету. Кажу свайму настаўніку, што во да чаго шум і крык такі даводзіцца, а ён смяецца: «Бо, кажа, твой Юрка за чужую зямлю і волю шумеў і крычаў, а не за сваю, дык нічога з гэтага і не выйшла».

Уваходзяць Янка і Аленка.

З'ява II

Гануля, Гарошка, Аленка, Янка.

Янка (*вітаючыся з Гануляй*). Як жывём, цётачка? Даўненька ўжо з вамі не бачыліся!

Гануля (*пакінуўшы мыццё*). О, даўненька! Бадай, годзікі са два ўжо будзе.

Янка. Ды з гакам, цётачка. (*Да Гарошкі.*) А дзядзька Гарошка прачакаўся, мабыць, на нас? Пэўна люлек з тузін змарнаваў за гэты час.

Аленка. Тузін не тузін, а штук з сем то пэўна ж татка выпыкаў.

Гарошка. Не табе іх лічыць, сарока! (*Буркліва.*) Пайшлі і прапалі, а мне сядзі тут у чужой хаце і чакай на іх.

Гануля. Што ты, сваток? Якая ж гэта чужая табе хата?

Янка. Ну, не бурчэце, дзядзька: у вельмі пільнай справе прыйшлося нам заседзецца крыху.

Гарошка. Заседзецца, заседзецца! Як прышпілюць вам калі-небудзь хвост на гэтых пасядзінах, то прападзе вам ахвота і стаяць, не толькі што сядзець. Тое-гэта, палякі на носе, — кажуць, што ўжо Навінку забралі, — а яны швэндаюцца сабе!

Аленка. Трэба ж было, татачка, прыгледзецца, як рыхтуюцца менчукі спатыкаць новых акупантаў.

Гарошка. Ну, і што там цікавага? Мала йшчэ вас гэтыя абскубанды паскубалі.

Аленка. Не абскубанды, тата, але акупанты, акупанты.

Паўза.

Янка (*азіраючыся па пакоі, да Ганулі*). Але ваша хата, цётачка, надта неяк зьмянілася ад таго часу, як я выехаў ад вас: так выглядае тут усё, як бы вы толькі што з іншай кватэры перавезліся.

Гануля. Бачыце, было тут у нас у Менску апошнім часам нейкае палатненне, дык нас і ўпалатнілі ў адзін пакой, а іншыя — забралі. Той пакой, дзе жылі вы, аддалі нейкаму ў скураной жакетцы, — паміж іншым, ён сягоння раніцай ужо выехаў ад нас; а з таго боку, дзе была мая спальня і Мікіткавы габінэт, абодва гэныя пакоі заняў нейкі іхні рэдактар, па прозвішчы Гізульскі. Але, як відаць з усяго, то ён, мусіць, не зусім іхні, бо нешта не зьбіраецца выязджаць, хоць іхнія амаль ужо ўсе выехалі. Мікітка кажа, што гэты Гізульскі душа, а не чалавек, — надта політычны і знае ўсялякія свабодныя профэсіі.

Янка. Асабліва, мабыць, добра знаёмы з профэсіяй правакатарскага мастацтва?

Гануля. Хто яго разбярэ, з якім і з чым ён там знаёмы.

Янка. Мусіць, для гэтага політычнага чалавека вы, цётачка, крэслы свае плюшавыя аддалі, каб мякчэй было яму сядзець, бо гэтых крэслаў штось не бачу я тут?

Гануля. Ды не! Да яго йшчэ пераезду сюды нашы крэслы недзе ў іншае месца спалатнілі.

Аленка. І грамафон з люстрам таксама?

Гануля. Не, дзетка. Гэтыя рэчы Мікітка мой сёлета на тавараабмен прагандляваў. І вось з усяёй, казаў той, роскашы засталася толькі балалайка, але і тую запісалі на нейкі ўчот.

Уваходзіць М і к і т а ў вынашанай і палатанай «зашчытнага» колеру вопратцы, цягнучы за сабой каламажку, у якой: тры тоўстыя вялізныя партфелі, а чацвёрты — меншы; пад імі: колькі малых мяшэчкаў з прадуктамі, два селядцы, звязаныя лыкам, тры воблы, нанізаныя на аборку, невялічкая стограмовая пляшка з газай, вялікае, быццам з-пад капелюша, пудэлка з пудрай, некалькі сучкоў дроў, букетнік для кветак, тры чаркі.

З'ява III

Г а н у л я , Г а р о ш к а , А л е н к а , Я н к а , М і к і т а .

М і к і т а (*уцягнуўшы каламажку, вітаючыся з Янкам*). Якое прыемнае, меджду протчым, спатканне, таварыш профэсар! Колькі лет! Колькі зім!

Я н к а . І ні колькі лет і ні колькі зім, а ўсяго восем месяцаў, пане рэгістратар, як мы бачыліся. Але, мабыць, цяжкія вашы справы, што так цяжка вам час плыве: месяцы ў цэлыя леты і зімы замяніліся?

М і к і т а . Так сабе, нічога сабе, меджду протчым, плыве.

Я н к а . Дый што гэта з вамі? Ці не ўпісаліся вы ў менскія свабодныя гэрцум-сролікі? — як тачнік які, тарабаніце гэту брычку з сабой.

Г а р о ш к а . Мусіць, яны пазайздросцілі конскаму хлебу.

Г а н у л я . Гэта Мікітка кожны дзень гэтак на службу ездзіць.

М і к і т а . А так, пане профэсар. Пры сучасным політычным і экономічным становішчы Расійскай, меджду протчым, імпэрыі няможна йначай. Цяпер так: калі конь можа цягаць павозку, то чалавек і пагатове. На тое ж у нас і абсалютная свабода, каб усё жывое мела абсалютнае раўнапраўе.

Я н к а . Раўнапраўе-то раўнапраўе, але ж хіба яно вам не загадвае быць штодзень за нейкага саматужнага вазюра?

М і к і т а . О не! Каламажку я цягаю з сабой толькі дабравольна і толькі для ўласнай выгады. Па-першае: на службу і са службы важу патрэбныя сабе офіцыяльныя, меджду протчым, паперы; па-другое: важу, але ўжо толькі са службы, усялякія пайкі, коопэрацыйны тавар і іншае; па-трэцяе: вось пападаецца па дарозе якая-небудзь контрабанда, іначай кажучы — рэчы, якія ўвозіць у Менск забаронена: мука, крупы, бульба, сала, масла, цыбуля, рэдзька і гэтаму, меджду протчым, падобнае. Значыцца, выгандляваў цішком, каб ніхто не бачыў, тое-сёе з гэтай контрабанды на якую-сякую панчоху ці шкарпэтку, палажыў сабе, меджду протчым, на воз і вязі сабе ў сваёй каламажцы. Ну, і ці ж невыгодна?

А л е н к а *(прабуючы падымаць паасобку партфелі ў каламажцы).* Ну і цяжкія ж гэтыя торбы! Ці не каменне ў іх напакавана?

М і к і т а . Не каменне, меджду протчым, мамзэль, а наш хлеб штодзенны. *(Дастаючы першы партфель.)* У гэтым портфэльчыку ўсялякія асабістыя пасведчанні: на маю асобу, на маю кватэру, на ваду, на апал, на яду, на хадзьбу і гэтак далей, і яшчэ дакуманты на права ўставаць рана і не ўставаць рана, хадзіць на службу і не хадзіць на службу, насіць вопратку і не насіць вопратку, трымаць грошы і не трымаць грошы, мець сабе жонак і дзяцей і не мець сабе жонак і дзяцей, свістаць, меджду протчым, на...

Я н к а *(перабіўшы).* А ў гэным другім лантуху?

М і к і т а *(дастаючы другі партфель).* А ў гэтым, меджду протчым, портфэльчыку ўсялякія дэкрэты, законы, пастановы, загады, рэзолюцыі, інструкцыі аб раўнапраўі ўсіх расаў і падрасаў, усіх нацый і паднацый, усіх народаў і паднародаў, усіх моваў і падмоваў — у нашай ядынай і непадзельнай Літбеларускай рэспубліцы. *(Дастаючы трэці партфель.)* У гэтым толькі грошы — мая пэнсія за першыя дзесяць дзён гэтага ліпня месяца і за два тыдні наперад. *(Дастаючы чацвёрты, апошні партфель.)* А ў гэтым карапузіку важнейшыя дакуманты: профсаюзу, біржы працы, культасветы, нашага № 157 348 дамкому, у якім я паўнапраўны сакратар, і гэтак, меджду протчым, далей. *(Дастаючы іншыя рэчы з каламажкі.)* Далей ідуць мае за месяц чэрвень, за першыя дзесяць дзён ліпня і за два тыдні наперад дармовыя, меджду протчым, пайкі: сем фунтаў адборнай атрубянай мукі, паўтара фунта з асьмушкай круп, два фунты з чвэрткай гароху, не ведаю колькі газы, паўчвэрці фунта і два лоты солі, і да ўсяго гэтага яшчэ: селядцы, тараны, сем з паловай фунтаў дроў, пудэлачка, меджду протчым, пудры а-ля-руж, падстаўка для кветак, тры чаркі, а болей, здаецца, нічога няма.

Я н к а . Як уважаю, дойная каза выйшла з вашай свабоднай профэсіі аратара: столькі грошай, ды яшчэ дармовыя пайкі!

М і к і т а . Бачыце, пане профэсар, як вам сказаць, меджду протчым, я ўжо махнуў рукой на ўсе свабодныя профэсіі: штосьці мне яны не шанцуюць.

Г а н у л я . Не шанцуюць, бо не за сваё бярэшся. Гэта ж, трэба вам ведаць, чуць не наклікаў на сваю галаву безгалоўя. Як только немцы выйшлі, то ён ужо на другі дзень палез на Трэку недзе на вышкі і давай на чым свет падбухторываць людзей. Спачатку ўсе здзівіўшыся глядзелі, смяяліся, а пасля давай шпурляць у яго чым хто папала. Сцягнулі гвалтам з вышак і немаведама куды б зацягнулі. Але, на шчасце, заступілася мамзэль Наста і сяк-так выпутала з гэтай бяды.

М і к і т а . Меджду протчым, мамаша, вы крыху не ў тых колерах адмалявалі ўсю гэтую трагічную гісторыю. Уся бяда была ў тым, што я не ўгадаў, на якую, меджду протчым, стануць пляцформу, дзеля гэтага паслізнуўся і быў змушаны прымусова зыйсці з трыбуны. І гэтае, меджду протчым, здарэнне пераканала мяне, што кроў свабодных профэсій у маіх жылах яшчэ не цячэ і што маё праўдзівае прызванне вось у гэтым (*хлопаючы па партфелях*): паперы, паперы й паперы. Цяпер я, пане профэсар, маю шаснаццаць дзенных і восем вячэрніх, меджду протчым, пасадаў рэгістратара ў розных Менскіх Губэрнскіх Саўхозах, Нархозах, Комхозах, Домхозах і іншых аддзелах, пададдзелах і напаўпададдзелах, дзе, меджду протчым, сяджу сабе і сяджу сабе, пішу сабе і пішу сабе. На маю пільную працу нават начальства, меджду протчым, звярнула ўвагу і да маёй рангі рэгістратара дабавіла ганаровую падрангу, якая па-нашаму завецца «Совбур». Бяда толькі, меджду протчым, што вось новая, па ліку трэцяя, політычная сытуацыя спыняе на няведамы час гэту маю рэгістратарска-совбурскую кар'еру.

Уваходзяць з дваіх праціўных дзвярэй В у ч о н ы я .

З'ява IV

Тыя ж, З а х о д н і в у ч о н ы , У с х о д н і в у ч о н ы .

З а х о д н і в у ч о н ы (*стукнуўшыся з Усходнім*). Пся крэв!
У с х о д н і в у ч о н ы . Чорт подзеры!
З а х о д н і в у ч о н ы . Пшэпрашам пана!
У с х о д н і в у ч о н ы . Ізвініце, судар!
З а х о д н і в у ч о н ы . І пан ту?
У с х о д н і в у ч о н ы . І вы здзесь?

Кланяюцца самі сабе і прысутным.

З а х о д н і   в у ч о н ы (*да Янкі*). Бардзо на часе, жэ пан обэцным ест. Для взбогацэня нашэй ведзы польскей потшэбнэ сон ешчэ нектурэ шчэгулы о нібы вашым краю. Можэ, шаноўны пан поінформуе цось о пшыродзе так званэй по-вашэму Бялэй Русі і цось о тэм, яке собе закрэсляце границэ політычнэ.
Я н к а . Прырода наша, пане вучоныя, прыродная. Маем поле і лес, горы і даліны, рэчкі і вазёры, нават мора мелі — называлася Пінскае, — але акупанты змяшалі яго з гразёй, дык засталося толькі Пінскае балота. А граніц політычных не маем, бо і політыкі сваёй не маем — на чужой політыцы пакуль што ездзім.
У с х о д н і   в у ч о н ы (*запісваючы ў нататнік*). Прырода в Русском Северо-Западном крае веліка і обільна — есть суша і водныя басейны, дажэ морэ собственное імелось, но благодара врэдным кліматічэскім веяніям с Запада поіменованное морэ утонуло в Пінском болоце. Что касается політічэскіх граніц області, то оне в представленіі здзешніх обшчэрускіх людзей очень туманны. Всё жэ прымечается стрэмленіе расшырыць эці границы на Запад.
З а х о д н і   в у ч о н ы (*запісваючы ўперамежку з Усходнім*). Пшырода на Польскіх Крэсах Всходніх надзвычай буйна і богата; эгзыстуе лёнд і водозбёры; край тэн посядал навэт можэ, але, завдзенчаёнц шкодлівым вплывом зэ Всходу, можэ тэ пшэсточыло сень в Пінске блото. Цо сень тычы граніц політычных краю, то взглендэм іх у месцовэй людності вшэхпольскей пшэдставене бардзо не яснэ. Еднак, спостшэга **сень донжэне розшэжыць овэ границэ на Всхуд.**
У с х о д н і   в у ч о н ы . Ешчо одзін маленькій вопрос: вашы землякі не собіраются в будушчэм прыобрэсці себе морэ вместо утонувшего, чтобы со временем пробіць себе куда-нібудзь окошко — в Европу ілі Азію?
Я н к а . Нам і без мора, пане вучоны, хапае дзе тапіцца, як павее пошасцяй праз усходнія ці заходнія «акошкі».
У с х о д н і   в у ч о н ы (*запісваючы*). О Дарданелах, о Індзійскіх морях і о какіх-лібо окошках не помышляют і помышляць не жэлают, ібо, по іх жэ словам, і без того імеют гдзе топіться, когда повеет сквозняками із Запада.
З а х о д н і   в у ч о н ы (*запісваючы ўперамежку з Усходнім*). О розшчжэнню своіх граніц од можа до можа не мажон і мажыць собе не жычон, понеўаж, як самі твердзон, маём гдзе топіць сень і бэз можа, гды повеён пшэцёнгі зэ Всходу.

109

У с х о д н і   в у ч о н ы (*скончыўшы пісаць*). Благодару вас!
З а х о д н і   в у ч о н ы (*скончыўшы пісаць*). Дзенькуен пану!

В у ч о н ы я кланяюцца і выходзяць кожны ў праціўныя дзверы, якімі прыйшоў быў.

З'ява V

Г а н у л я,   Г а р о ш к а,   А л е н к а,   Я н к а,
М і к і т а.

Я н к а (*да Мікіты*). Ну і дурыгаловы гэтыя вашы вучоныя!
М і к і т а. Усё гэта, меджду протчым, тутэйшыя людзі: адзін дзякавы сын, а другі — арганіставы.
А л е н к а. Хоць яны і вучоныя і тутэйшыя, а ўсё ж такі надта смешныя.
М і к і т а. Для асоб з глухой вёскі, мамзэль, можа, яны і смешныя, а для менскай рускай, меджду протчым, інтэлігенцыі яны зусім сур'ёзныя вучоныя.
Я н к а. Такія сур'ёзныя, пане совбур, як і сягонешні выгляд вашай хаты, асабліва гэтыя хвасты ад шпалераў ды абразы задам наперад.
М і к і т а. Гэта, пане профэсар, ёсць вынік майго апошняга, меджду протчым, службовага становішча і апошняй політычнай сытуацыі, якая ўтварылася ў Расійскай, меджду протчым, імпэрыі. Усё гэта вымагала тое-сёе змяніць і ў хатніх абставінах, каб такім спосабам надаць болей, меджду протчым, дэмократычнасці і прастаты.
Я н к а. Лёгкі і танны спосаб у вас дапасоўвацца да сытуацыі.
М і к і т а. Надта лёгкі і танны. Глядзіце. (*Пераварачвае абразы.*) Раз, два! і гатова.
Я н к а. Цікава толькі, як гэта вы з сваім апошнім саўбураўскім становішчам дапасуецеся да самай навейшай політычнай сытуацыі, што круціцца ўжо каля Пярэспы?
М і к і т а. Аб гэтым я таксама, меджду протчым, не забыўся. Мой профэсар гэр Спічыні працуе са мной у даным кірунку ўжо некалькі часу і памагае мне расцярэбліваць дарогу да будучай маёй кар'еры ў губарнатарскай канцылярыі. Бяру ў яго лекцыі таго «языка», з якім прыходзіць новая сытуацыя.
Я н к а. Глядзеце толькі, каб гэты гэр Спічыні вам не ўставіў і

тут спіц, як і перад нямецкай сытуацыяй.

Мікіта. Меджду протчым, гэр Спічыні таму не вінен, што напладзілі сабе людзі языкоў, як тая трусіха трусянят, і мне, меджду протчым, як ідуць немцы — вучыся па-нямецку, як ідуць палякі — вучыся па-польску, а як будуць ісці нейкія іншыя — вучыся па нейкаму па-іншаму. І гэр Спічыні тут ні пры чым. Эх, каб я быў, меджду протчым, царом! Завёў бы я ад Азіі да Аўстраліі, ад Афрыкі да Амэрыкі і ад Смаленску да Бэрліну адзін непадзельны рускі язык і жыў бы сабе тады прыпяваючы. А то круці галавой над языкамі, як баран які над студняй.

Янка. Бачыў бог, што не даў свінні рог, а рэгістратару панавання. Але чаму б вам, колежскі рэгістратар Нікіцій Зносілов, не стацца тым, чым вы самдзеле ёсць: Мікіта Зносак — і мілагучна, і па-тутэйшаму, ды языкоў не трэба мяняць, як цыган коні?

Мікіта. Як гэта разумець, меджду протчым?

Янка. А надта проста: стаць на свой тутэйшы грунт, на той грунт, на якім узраслі вашы бацькі, дзяды.

Мікіта. Меджду протчым, вы напамыкаеце, сябра беларус, каб я стаў не на свой, а на ваш — беларускі, хэ-хэ-хэ! грунт.

Янка. А хоць бы й так.

Мікіта. Меджду протчым, пане настаўнік, яшчэ я не ўпаў з сваім гонарам так нізка, каб лезці ў вашу, выбачайце, мужыцкую беларускую кампанію. Вы, можа, параіце мне яшчэ і вашага Тарашкевіча граматыку зубрыць?

Янка. А чаму ж бы не?

Мікіта. Ха-ха-ха! Ха-ха-ха! І жартаўнік жа вы, дзядзька беларус, незвычайны вы жартаўнік! Ха-ха-ха! Не маючы што рабіць, інтэрнацыянальная інтэлігенцыя выдумала гэты нейкі нацыянальны беларускі язык, а вы хацелі б заставіць нас, руска-ісціную тутэйшую, меджду протчым, інтэлігенцыю, сушыць над ім свае апошнія мазгі. Ха-ха-ха! Вось дык дадумаліся! Ха-ха-ха! Меджду протчым, пане беларус, мне ваш (*з націскам*) «дэмократычны» язык непатрэбен, калі я маю свой, меджду протчым, мацярынскі рускі язык.

Янка. О так, так! Для вашага гонару падавай вам мацярынскі язык цароў, Мураўёвых-вешацеляў, Распуціных, Азэфаў і ўсея кампаніі падобных ім, а на свой, папраўдзе для вас родны, як вы кажаце, язык вам наплявуць. Эх, русацяп вы, русацяп! Але годзе аб гэтым! Калісь вы, пане рэгістратар, апомніцеся, але каб не было запозна. (*Да Ганулі*.) Цяпер я да вас, цётачка, толькі не з спрэчкай, а з просьбай: ці няможна будзе ў вас мне з маёй камнаніяй пераначаваць? Шукаць іншага месца для начлегу неяк не хочацца.

Гануля. А начуйце, мае дзеткі, начуйце, колькі хочаце! Гэны пакой, дзе вы кватаравалі, свабодны, дык і лезьце пакуль што туды.

Янка. Шчыра дзякую!

Выходзіць з А л е н к а й і
Г а р о ш к а м. Уваходзіць С п і ч ы н і.

З'ява VI

Г а н у л я, М і к і т а, С п і ч ы н і.

Мікіта. Вельмі паважанаму прафэсару маё шчырае, меджду протчым, прывітанне! Як гэта міла з вашага боку, што нават і ў гэтакі трывожны крыху час вы не забываецеся аб маёй адукацыі!

Спічыні. Я толькі выпаўняю сваю місію, як і вы, мусье Зносілов, сваю місію. А ўзяўся за гуж — не кажы, што не дуж.

Мікіта (*выкладаючы слоўнікі*). Зусім справядліва, мусье прафэсар. Мы з вамі высока трымаем свае сцягі: вы сцяг, меджду протчым, навучання, а я — сцяг, меджду протчым, вартавання. І наша патомства калісь занатуе, меджду протчым, нашы іменні на залатой дошцы. Меджду протчым, мамаша, можа, пакінеце на хвіліну гэты пакой, пакуль у нас будуць цягнуцца лекцыі.

Г а н у л я выходзіць.

З'ява VII

М і к і т а, С п і ч ы н і.

Спічыні. Можам прыступіць, мусье рэгістратар!
Мікіта. Я ўжо гатоў, мусье прафэсар!
Спічыні. Мы ўжо з вамі прайшлі прывітанні звычайныя і ўчора пачалі так званыя прывітанні шыварат-навыварат. Паўторым тое, што пачалі. Як будзе: сабачая твая кроў?
Мікіта. Пся крэў, затрацона душа.
Спічыні. Як будзе: згінь ты, прападзі, нячыстая сіла?

М і к і т а. Ідзь пан до сту д'яблув за Буг.
С п і ч ы н і. Вельмі добра, дужа добра! Самае важнае, што не забыліся «за Буг». А цяпер як будзе: не лезь, бо дастанеш поўху?
М і к і т а. Нех се пан не наставя, бо достанеш по пыску і ўтонеш в Немідзэ.
С п і ч ы н і. Віншую, віншую! Зусім добра. Поступ у навуцы вялікі. Папрабуем затое з іншай бочкі. Перакулеце на наш манер такі зварот: ешчэ Польска не згінэла.
М і к і т а. Яшчэ Польшча не згінула, але збіраецца згінуць.
С п і ч ы н і. А цяпер ператлумачце: двадзесце пенць.

Уваходзіць Н а с т а.

З'ява VIII

М і к і т а, С п і ч ы н і, Н а с т а.

Н а с т а. Можаце віншавацца, панове! З пэўных крыніц я напэўна даведалася, што ўжо «нашы» занялі Менск.
С п і ч ы н і. Як гэта, мамзэль, — нашы?
Н а с т а. Ну, палякі, калі вам гэта, пане профэсар, лепей падабаецца.
С п і ч ы н і. Выбачайце, мусье Зносілов, але мы на сягоння лекцыю спынім. Мушу йсці пільнаваць хаты. Маю гонар кланяцца! (*Хоча йсці.*)
М і к і т а. А як жа, мусье профэсар, з гэтым «двадзесце пенць»?
С п і ч ы н і. Заўтра, мсье рэгістратар, пройдзем на практычнай лекцыі. (*Выходзіць.*)
М і к і т а (*крычыць*). Меджду протчым, мамаша! Дзядзька беларус! Палякі ў Менску!

Уваходзяць Я н к а і Г а н у л я.

З'ява IX

М і к і т а, Н а с т а, Я н к а, Г а н у л я.

Я н к а. Што? У Менску пажар?
М і к і т а. Не пажар, дзядзька беларус, а палякі, палякі!

Разумееце?
Я н к а . Ну, гэта ўсё роўна.
М і к і т а . Вам, чалавеку без рангаў і клясаў у прошлым і без надзеі на асэсарства ў будучым, пэўна, што ўсё роўна, але для мяне, меджду протчым... Гэ-гэ! А цяпер далоў совбурскую форму! (*Хоча скідаць куртку.*) Ах, пардон! Я забыўся, што мамзэль Наста тут. Але вось гэта можна і цяпер паслаць, меджду протчым, к чорту. (*Пачынае кідаць аб зямлю партфелі, апроча партфеля з грашыма.*)
Я н к а . Ці не паспяшыліся, пане рэгістратар, пляваць у карытца — каб не прыйшлося напіцца.
М і к і т а (*пакінуўшы кідаць партфелі*). Чаму, меджду протчым?
Я н к а . А як зноў унеспадзеўкі тыцне ў Менск ваша совбурскае начальства? Што тады вы без гэтых торбаў запеяце?
М і к і т а . А праўда, меджду протчым, праўда, — я крыху зарапартаваўся. Быўшае, цяперашняе і будучае начальства заўсёды і ўсюды трэба шанаваць і мець на воку, калі не хочаш папсаваць свае паперы. Меджду протчым, мамаша, схавайце гэтыя портфэлі — можа, дзе пад комін ці куды іх падсунеце. Пакіньце толькі портфэль з маёй пэнсіяй.

Гануля па аднаму носіць партфелі.

А я папрашу пардону ў гасцей і на хвіліну адлучуся змяніць свой знадворны выгляд, згодна з самай навейшай, меджду протчым, політычнай сытуацыяй.

Дастае з скрынкі вопратку і выходзіць. Колькі хвілін Янка і Наста застаюцца на сцэне моўчкі, не ведаючы, што з сабой рабіць.

М і к і т а (*уваходзіць пераадзеты ў сваю чыноўніцкую форму з усімі адзнакамі, акручваючыся на пяце*). Ну, як, шаноўныя, меджду протчым, мамзэлі і мусі? Той самы, ды не той самы! Ці ж не мэтаморфоза?
Н а с т а . Я захоплена вашай, мусье Нікіці, мэтаморфозай!
Я н к а . Перакуліцца з нічога ў нішто — не вялікая мэтаморфоза.
М і к і т а (*як бы не пачуўшы, да Ганулі*). Меджду протчым, мамаша, трэба хутчэй залю прывесці да чалавечага падабенства. Выносьце першым чынам начоўкі з бялізнай, а я, меджду протчым, вытарабаню каламажку. Ага! Кідайце сюды ў павозку

бялізну, а наверх стаўляйце начоўкі — гэтак за адным замахам усё выцягнем.

Паклаўшы бялізну і начоўкі з вадой на каламажку, вывозяць: Гануля цягне, а Мікіта падпіхае. Праз хвілю варочаюцца.

А цяпер займемся адсабураваць сценкі. Вы, меджду протчым, мамаша, прышпільвайце чым-небудзь адвіснутыя матузы ад шпалераў, а я адкулю на добры бок абразы.

Гануля падшпільвае шпалеры, Мікіта пераварачвае абразы, Наста ім памагае. Праз нейкую хвіліну ўваходзяць: Д а м а, П о п, С п р а ў н і к, П а н.

З'ява X

М і к і т а, Н а с т а, Я н к а, Г а н у л я, Д а м а, П о п, С п р а ў н і к, П а н.

П о п . Мір очагу сему!
М і к і т а (*усцешыўшыся, вітаецца*). Ах! Каго я, меджду протчым, бачу? Мадам-сіньёра! — цалую ручкі. Ацец духоўны! — даўно чакаю вашага благаслаўлення. Вашаму родзію пакорны прывет і падчыненне! Ясне пану грабю нізка кланяюся! Ах! Якімі такімі шляхамі пазволілі сабе прыбыць сюды, меджду протчым, доўгачаканыя госці?

Госці ўсім кланяюцца, сядаюць — Поп бліжэй да вакна.

С п р а ў н і к . Разам з новай окупацыйнай уладай прымашыравалі ў Менск.
Д а м а . І лічылі сваім абавязкам, мусье рэгістратар, злажыць вам першаму сваю першую па прыездзе сюды візыту.
П а н . Ваша гасціннасць у тыя, цяжкія для нашага стану, часы абавязвала мяне як найхутчэй прывітаць вас ад сябе і ад маіх...
П о п . Душа мая возрадавалася пры созерцаніі, како агнцы сіі возвраціяшэся в стада свое. І прышэд я с німі, дабы одным веселіем возвеселіціеся з вамі, чада мое, рэгістратор!
М і к і т а . Бяда мая! чым жа я буду гасцей высокадастойных прымаць? Меджду протчым, мамаша, ці там не знойдзецца чаго пайковага закусіць?

Галасы. Не трэба! Не трэба! Дзякуем!
Спраўнік. Мы ўжо паспелі не толькі закусіць, але й выпіць крыху. Ацец духоўны таксама паспеў пагасціць у нас.
Поп. Трапеза была обільная, яствы упітацельныя: амэрыканскае сала...
Спраўнік. Амерыканскі кумпяк...
Пан. Амэрыканская булка...
Дама. Амэрыканскае какао...
Янка (*набок*). Амэрыканскія фігі.
Мікіта. Мінуўшая політычная, меджду протчым, сытуацыя нічога падобнага нам у пайкох не давала.
Спраўнік. Затое цяперашняя ўсё дасць.
Янка (*набок*). Нават узяткі.
Мікіта. Але пакуль што якое, мне ад сэрца, меджду протчым, хацелася б дастойна пачаставаць і павесяліць высокіх пэрсон.
Дама. А ведаеце, мусье Зносілов,— бяду гэту можна лёгка паправіць. У мяне з'явілася цудоўная ідэя: той вечар у вас на імянінах, перад выхадам немцаў, такое мілае ўражанне пакінуў, што я вельмі была б шчаслівай, каб сягоння яго паўтарыць.
Мікіта. Мадам-сіньёра, я ўвесь да вашых, меджду протчым, услугаў! Значыцца, пачынаем ад пачастунку. Меджду протчым, мамаша, чым хата багата.
Дама. О не, мусье рэгістратар, — вы не згадалі! Дзякуючы таму, што мы ўжо частаваліся, паўторым сягоння толькі другую частку програмы таго вечару.
Мікіта. Танцы, меджду протчым?
Дама. Мусье, цяпер вы згадалі! (*Да прысутных.*) Я думаю, што шаноўнае таварыства са мною згодна?
Галасы. Згодны! згодны!
Дама. А цяпер, мусье Зносілов, дазвольце накруціць грамафон.
Мікіта. Грамафон... грамафон... меджду протчым, грамафон, мадам-сіньёра, у... у рэпарацыі.
Дама. Тады дазвольце мне балалайку.

Мікіта падае.

Я папрашу гэтага мусье (*паказвае на Янку*), каб сыграў на балалайцы. (*Падыходзіць і падае Янку балалайку.*) Мусье беларус, не адмоўцеся, сыграйце нам вальца!

Я н к а . Магу сыграць. Калі тут кампанія ваша ўладзіла танцкляс для акупантаў, дзе кожны з іх заходзіць і танцуе сваё «Гоцаца», дык чаму ж бы мне ў гэтым танцклясе і не пайграць.
Д а м а . Вельмі прыемна з вашага боку!

Янка грае вальца. Танцуюць тры пары ў тым самым парадку, што ў першым акце. Поп таксама не танцуе. У пачатку танцаў уваходзяць А л е н к а і Г а р о ш к а .

З'ява XI

Тыя ж, А л е н к а , Г а р о ш к а .

П о п (*пільна ўгледзеўшыся ў вакно, потым да танцуючых*). Чады мої, остановіцесь! В сію обіцель градзе большэвік.
Т а н ц у ю ч ы я (*пакінуўшы танцаваць*). Як?.. што?.. адкуль?..

Паміж Мікітавымі гасцямі перапуд і бегатня.

М і к і т а (*зірнуўшы ў вакно*). А такі ж градзе і да нас... Ой-ей!.. і з аружжам у руках! А казалі, што іх ужо няма... Ой-ей!.. ой-ей!.. Мамзэль Наста, якія ж гэта няпэўныя вашы пэўныя крыніцы!
Г а л а с ы . Трэба хавацца! Хутчэй! Хавацца! Хавацца!
М і к і т а . Мамзэль Наста, перакульвайце задам наперад абразы.

Наста пераварачвае абразы.

Мадам-сіньёра, хавайцеся сюды! Ваша родзіе, сюды! а вы, пане пан, во сюды! Ацец духоўны, меджду протчым...
П о п . Не суеціцеся обо мне, сын мой! Моі облачэнія зашчытой мне от всякіх зол земных.
М і к і т а . Меджду протчым, мамаша, я залезу сюды, а вы станьце так, каб мяне засланіць. Вось так! Ну, цяпер можа йсці.

Паўза досыць доўгая. Янка іранічна ўсміхаецца, Аленка пырскае здушаным смехам, Гарошка пыхкае люльку і плюе. Наста порыцца каля абразоў. Уваходзіць Ч ы р в о н а а р м е е ц з абломкам стрэльбы.

З'ява XII

Тыя ж, Чырвонаармеец.

Чырвонаармеец. Ці няможна ў вас, таварышы, перасядзець, пакуль сцямнее? Бо я адстаў ад сваёй часці і толькі ўночы змагу выбрацца з гораду, каб дагнаць сваіх.
Мікіта (*вылазячы з укрыцця, да Чырвонаармейца*). А, папаўся, меджду протчым, нарэшце! Складай аружжа! Вывешывай белы флаг! Здавайся ў палон, меджду протчым!

Чырвонаармеец палажыў набок абломак стрэльбы і паглядае, не разумеючы, у чым справа.

Спраўнік (*вылезшы з іншымі з укрыцця*). Зусім справядліва! Забірайце яго ў палон!
Дама. Ах, мусі! У вас, як бачу, пачынаюцца вайсковыя змаганні. Дазвольце мне быць сястрой міласэрдзя.
Спраўнік. Наколькі я разумею стратэгію, то, здаецца, справа абыдзецца без крывяпраліцця.
Мікіта (*да Чырвонаармейца*). Абвяшчаю вас сваім палонным! Без майго, меджду протчым, дазволу не маеце права даць і кроку.
Пан. Надта ўсё добра складаецца для вас, пане рэгістратар. Як з'явіцеся з гэтым палонным да новае ўлады, то ваш прэсціж адразу падымецца ў яе вачох на сто процантаў.
Спраўнік. І вы павінны зараз ісці са сваёй здабычай у штаб акупацыйных войск. Там вы пачуецеся, як вольны з вольным.
Пан. Як роўны з роўным.
Мікіта. Значыцца, ужо йду. Мадам-сіньёра і мусі, ці таксама, меджду протчым?..
Галасы. Ідзем... Усе ідзем!.. Ідзем!..
Мікіта (*да Чырвонаармейца*). Шагам марш у палон! Пачакайце! (*Да сваёй кампаніі.*) А трофэі таксама забраць?
Галасы. Забіраць! Забіраць!

Дама, Поп, Спраўнік, Пан, Мікіта, акружыўшы Чырвонаармейца, выходзяць маршавым крокам.

Мікіта (*з абломкам стрэльбы на рамі, напявае*)

Оруж'ем на солнцэ сверкая,
Под звукі ліхіх трубачэй, По уліцам пыль подымая,
Проходзіл полк гусар усачэй...

Заслона

ДЗЕЯ ЧАЦВЁРТАЯ

Час пасля паўдня. Мікітавы пакой выглядае збольшага як у першай дзеі, разумеецца, без грамафона, люстра і мяккіх крэслаў, некаторыя рэчы спакаваны як у дарогу. Зрэдку далятаюць далёкія гарматныя выстралы.

З'ява I

Гануля, пасля Янка, Аленка.
Гануля сядзіць на спакаваных вузлох і робіць панчоху.

Янка (*уваходзіць з Аленкай*). Дзень добры, цётачка! Што вы так задумаліся?
Гануля. Ах, гэта вы, пане настаўнік! І Аленка з вамі... Як я рада, што вы не забыліся нас у гэтыя трывожныя мінуты.
Янка. Ці ж першыня для Менску гэтыя трывожныя мінуты? Час было б, цётачка, і прывыкнуць да іх.
Гануля. Ды яно ж так. Але сваім чынам да дзела ўсё гэта, ах, як да дзела!
Янка. Э! ліха перамелецца, і мука будзе. (*Паўза.*) А мы вось з Аленкай сумысля зайшліся, цётачка, да вас, каб пахваліцца перад вамі сваім шчасцем.
Гануля. Незвычайныя вы людзі, калі яшчэ можаце сягоння хваліцца шчасцем.
Аленка. А такі ж незвычайныя, цётачка.
Янка. І маем чым пахваліцца. Дык слухайце ўважліва, цётачка, рыхтуйцеся віншаваць. Я, настаўнік, Янка Здольнік...
Аленка (*перабіваючы*). І я, настаўніца Аленка Гарошчышка...
Янка. Узялі ды паміж сабой пажаніліся. Цяпер яна мая жонка назаўсёды.
Аленка. І ён таксама — мой муж, але ці назаўсёды — яшчэ паваражу.

Гануля. А мае ж вы міленькія! Пашлі вам долечка ўсяго найшчаслівейшага. І павянчаліся ўжо?
Янка. А як думалі, цётачка? Абавязкова павянчаліся, ды яшчэ як урачыста. Зялёны бор шлюб нам даваў, зоркі дружкамі былі, а расіца срабрыстая шлюбныя персцені свянціла.
Аленка. А праўда, праўда, цётачка! Шлюб наш быў гэткі ўрачысты.
Гануля. Ну і пайшлі плот гарадзіць, каб вы цяміліся, мае ж вы шлюбоўнікі! А вяселле таксама было? Чаму ж мяне не паклікалі?
Янка. Вяселле, цётачка, адлажылі пакуль што да таго часу, калі апошні акупант ад нас выйдзе, бо пры іх нявесела на вяселлі.
Гануля. Ці не задоўга прыйдзецца чакаць на гэта?
Аленка. Ды, праўду кажучы, доўга ці коратка — гэта не важна. Але ў нас, цётачка, важнейшая бяда.
Гануля. А што ж такое?
Аленка. Татку ж майго ізноў у абоз пагналі. Але так пагналі, што і след згінуў. Ужо тут, у Менску, мы даведаліся, што перш адны гналі, пасля — другія, потым — зноў тыя самыя, потым — зноў другія, а там далей і няведама, хто гоніць і куды гоніць.
Гануля. Ганяюць людзі людзей без дай прычыны ды ганяюць. А каму гэта патрэбна, дык яны пэўна й самі не ведаюць.
Аленка. Як татку, бывала, бяруць у абоз, дык ён заўсёды і кажа, што едзе акупантаў вывозіць. Але, бедны, возіць, возіць, ды ніяк вывезці не можа.
Гануля. Усё роўна як той дзед з бабай рэпку сваю — цягнулі-цягнулі, ды ніяк не маглі выцягнуць. Але затое татка твой хоць свету пабачыць — пад старасць будзе мець што ўнукам расказваць.
Аленка (*як бы саромліва*). Ды ў яго яшчэ ўнукаў і няма.
Гануля (*усміхаючыся*). Дык будуць, мае мілыя, будуць.
Янка. Ой, нешта, мабыць, блазноцкае падумалі, цётачка, бо аж вочы спусцілі.
Гануля. А бадай вы пакіслі, мае дзеткі! І старую ў грэх ведзіцё. Давайце лепей аб чым іншым паганомім. Во, якраз успомніла. Былі ж і сягоння гэныя нібы вучоныя Мікіткавы. Аб вас, пане настаўнік, пыталіся. Хацелі, кажуць, даведацца, які магнэс болей вас да сябе цягне — усходні ці заходні.
Янка. Трэ было, цётачка, сказаць, што ні той, ні сёй, а тутэйшы.

Гануля. Я так і падумала, але не сказала, бо пабаялася, што не патраплю вучоным па-вучонаму адказаць.
Янка. А болей нічога не пыталіся?
Гануля. Нічога, толькі паміж сабой тое-сёе па-вучонаму пагаманілі, праз свае падзіральнікі туды-сюды зірнулі ды пайшлі. Усходні вучоны сказаў, што пойдзе на Захад, а Заходні сказаў, што пойдзе на Усход.
Янка. Ну, цяпер яны не скора з сабой спаткаюцца.
Гануля. І я так падумала, але не паспела гэтага ім сказаць.

Уваходзіць М і к і т а. На шапцы ў яго вялікі значок з белым арлом — брыль абабіты бляхай; фрэнч і галіфэ новыя, з цёмна-жоўтага сукна, боты жоўтыя. Уваходзіць з напоўненым вядром.

З'ява ІІ

Гануля, Янка, Аленка, Мікіта.

Мікіта (*паставіўшы вядро*). А, меджду протчым, пан профэсар завітаў да нас. Маё ўшанаванне! Як я рад, як я рад, што з вамі спаткаўся. Ах, і мамзэль Аленка тут?! Дзень добры, мамзэль, меджду протчым.
Аленка. Дзень добры, пане рэгістратар! (*З удаваным смуткам.*) Толькі ж я не мамзэль, а ўжо мадама.
Мікіта. Тым лепей, меджду протчым. Віншую!
Янка (*паказваючы на вядро*). А гэта што ў вас за такая зацірка ў ражцы?
Мікіта. Не зацірка, дзядзька беларус, не зацірка, а праўдзівая цэнтра-белсаюзаўская, меджду протчым, патака. Добрыя людзі адчынілі склад з ёю на Нізкім рынку і — бяры хто хочаш і колькі хочаш. Можаце і вы набраць, меджду протчым.
Янка. Дзякую за такія дары данайскія!
Гануля. А нашыя некаторыя мянчане, асабліва з Камароўкі і Пярэспы, гэткім спосабам апошнія гады і жывуць. Як толькі ўлада мяняецца, робяць сабе запас да новай перамены; мяняецца ўлада зноў — зноў робяць сабе запас да новай перамены, і гэтак ужо каторы год. А сёлета, апрача ўсяго іншага, дык яшчэ і дровы з Ваньковічава лесу самакатам коцяць і коцяць на вяроўках.
Янка. Бачыў, бачыў. Такая праца йдзе, якраз як пры будове егіпецкіх пірамідаў.

М і к і т а . Меджду протчым, такое ўмелае скарыстанне перамен політычных сытуацый — надта лёгкі спосаб забяспечыць сябе на чорны дзень.

Я н к а . А вы гэта забяспечанне пачалі, як відаць, ад патакі?

М і к і т а . Ад большага чаго я не паспеў, бо, между протчым, сапошні час заняты быў эвакуацыйнымі справамі, довадам чаго служаць вось гэтыя запакаваныя рэчы.

Я н к а . Дык вы, пане рэгістратар, маніліся пакінуць усе свае руска-ісціныя варты і ўцякаць з роднага гораду?

М і к і т а . А так, пане профэсар, маніўся, меджду протчым.

Я н к а . Што ж, можа, гэта акурат падходзячая была б для вас профэсія. Ездзі сабе са сваімі манаткамі ды ездзі сабе, як гандляр з козамі з кірмаш на кірмаш, туды-сюды ездзі сабе ды ездзі. Але ўсё ж такі, чаму вы не паехалі?

М і к і т а . Выйшла малая мітрэнга. Гэты, меджду протчым, рэдактар Гізульскі, што жыў да апошняга часу ў нашай кватэры, абяцаў мне вылатвіць «пшэпустку» на выезд, але падашукаў. Сам як пан выехаў, а мяне без «пшэпусткі» пакінуў. Дарма толькі на вакзал з рэчамі сцягаўся.

А л е н к а . І вы гэта, пане рэгістратар, так да сэрца ўзялі, што ажно барада ў вас вырасла, бо дагэтуль, здаецца, вы не насілі яе?

М і к і т а . А гэта, меджду протчым, яна вырасла ў звязку з політычнымі хмарамі на нашым Менскім горызонце. Мамзэль Наста загадзя папярэдзіла мяне з пэўных крыніц, што пры новай політычнай сытуацыі будуць дабравольна браць маладых мусі і дабравольна адпраўляць іх на Урангелеўскі фронт. Вось я, не зважаючы на тое — выеду ці не выеду, і пастараўся не выглядаць маладым.

Я н к а . Цяпер вам, пане рэгістратар, застанецца толькі прыдумываць новую свабодную профэсію ці новую клясавую рангу.

М і к і т а . Ды я ўжо прыдумаў, меджду протчым, толькі вы мне павінны ў гэтым памагчы.

Я н к а . З вялікай ахвотай, калі патраплю.

М і к і т а . Патрапіце — гэта ваша профэсія. Справа ў тым: я пастанавіў перайсці ў вашу, меджду протчым, партыю.

Я н к а . Ды я ж беспартыйны.

М і к і т а . Ну, як вам сказаць? Наогул, меджду протчым, хачу перайсці на ваш беларускі бок, ці як там. Адным словам, я надумаўся дабівацца беларускага асэсарства.

Я н к а . О так! зусім зразумела. Цяпер гэта наймаднейшая свабодная профэсія, і кожны жук і жаба хоча на Беларушчыне рабіць сабе кар'еру.

Мікіта (*як бы не зразумеўшы прытычкі*). Меджду протчым, пане профэсар, новая політычная сытуацыя і ўсё такое прымусілі мяне падумаць аб гэтай кар'еры. Бо як мне казала з пэўных крыніц мамзэль Наста, дык у вас заводзіцца нейкая, меджду протчым, Беларуская Рэспубліка. Ужо нават едзе і старшыня Беларускага Рэўкому Чарвякоў — толькі затрымаўся недзе за Менскам на папаску.

Аленка. А я чула, што і цётка Бадунова таксама едзе на белай кабыле з Смаленску.

Мікіта. Ну, яна, меджду протчым, эсэр-беларус і ў рахунак не йдзе: доўга тут не заседзіцца.

Янка. Значыцца, вы цвёрда пастанавілі дабівацца сабе гэтай новай кар'еры? Баюся я толькі, каб вы не выйшлі на ёй, як залетась на аратарстве; прытым ваша поўнае дагэтуль ігнараванне гэтай справы й несвядомасць...

Мікіта (*перабіваючы*). Вы, пане настаўнік, не жартуйце. Я не зусім такі ўжо несвядомы, меджду протчым, беларус — нават з вашай літаратурай знаёмы.

Янка. Цікава, цікава! Гэта для мяне неспадзеўка.

Мікіта. Дык вось, паслухайце, меджду протчым:
Беларусь, мая старонка,
Куток цемнаты,
Жыве Шыла, Грыб, Мамонька, —
Будзеш жыць і ты, —
меджду протчым.

Янка. На такім знаёмстве з нашай літаратурай далёка, пане рэгістратар, не заедзеце.

Мікіта. Вось я й надумаўся звярнуцца, меджду протчым, з просьбай да вас, каб вы мне ў гэтым памаглі. Прасіў я свайго профэсара Спічыні, але ён адказаўся. Кажа, што ён толькі спэц адбеларушчваць, а да абеларушчывання яго яшчэ змалку адвярнула.

Янка. Вам простая дарога цяпер: запісацца на курсы беларусазнаўства.

Мікіта. Паміж намі кажучы, меджду протчым, я дзеля такога здарэння з пару дзён хадзіў на такія курсы, але нічога ў галаву не палезла. Асабліва надта трудная для майго рускага ўразумення ваша граматыка — гэтыя націскі, націскі...

Янка. А так, пане рэгістратар, — у нашай граматыцы без

націскаў ані з месца. Але ўсё-такі вам прыйдзецца вярнуцца на гэныя курсы, бо я вам нічога не памагу — сягоння яшчэ выязджаю з Аленкай з Менску. Мабыць, і не скора пабачымся.

Мікіта. Шкада, вельмі шкада, а я думаў, меджду протчым...

Янка. Ды тут нечага й думаць. Не ўдасца вам гэта асэсарства, дадуць вам совбурства, а штосьці ды будзеце мець, бо ці ж вам не ўсё роўна?

Мікіта. Усё роўна, меджду протчым, і не ўсё роўна. Беларускае асэсарства, апрача ўсякіх іншых плюсаў, мае ў сабе яшчэ адзін вельмі ласы плюсік — гэта тое, што і па-беларуску, як я пераканаўся, можна праводзіць у тутэйшую сярмяжную шацію вялікія руска-істныя прынцыпы а ядынасці, непадзельнасці і самадзяржаўнасці Расійскай, меджду протчым, імпэры.

Янка. О, гэта ўжо правакатарскімі прынцыпамі запахла ад вас! Але сцеражэцеся, пане рэгістратар. Ідзе народ, беларускі сярмяжны народ ідзе, а ён вашаму руска-істнаму рэгістратарству саб'е рогі.

Мікіта. Я асцярожны, надта асцярожны, і за мяне, сябра беларус, не турбуйцеся. (*Да Ганулі.*) Меджду протчым, мамаша, у вас не засталося польскіх марак? Дайце мне — я збегаю чаго-небудзь куплю, бо пры новай сытуацыі і гэтыя грошы нічога варты не будуць.

Гануля (*даючы грошы*). Купі, сынок, купі, толькі, можа, чаго з яды знойдзеш. Адно — ідзі асцярожна, каб цябе ў палон не схапілі або сам у якую нячыстую гісторыю не ўпутаўся.

Мікіта (*хаваючы грошы ў галіфэ і выходзячы*). Меджду протчым, я не з такіх, мамаша, каб упутацца. (*Да Янкі і Аленкі.*) З вамі яшчэ пабачуся — вярнуся хутка. (*Выходзіць.*)

З'ява III

Гануля, Янка, Аленка.

Гануля. Ох, неспакойная натура ён у мяне! Кажа — не ўпутаюся, а ўчора ў такую кашу ўлез, ажно сорам казаць.

Аленка. А што такое?

Гануля. Ды як жа! Пайшоў паглядзець на Захараўскую вуліцу, як там паны турбуюць жыдоўскія крамы й спальні. Вось адзін пан,— яго, здаецца, начальнік,— урэпіўся за Мікітку і загадаў яму цягаць чужыя рэчы ў свой панскі пакой у нейкай гасцініцы, дык бедны Мікітка як не падарваўся, цягаючы футры ды спадніцы. Добра ж, калі хто са знаёмых не бачыў, а іначай пойдзе чутка, што і мой сын у грабежнікі ўпісаўся — а яшчэ чыноўнік, скажуць!

Янка. Ці ж ён і цяпер быў чыноўнікам?

Гануля. А так! Служыў у камісарыяце паліцыі нейкім там разношчыкам; нейкія «пшэпусткі» іхнія ды іншыя дакумэнты разносіў.

Янка. Не высокае было яго чыноўніцтва, як гэтак.

Гануля. Ды яно ж праўда! А ўсё віна ў тым, што мой Мікітка вучыўся, але, мабыць, не давучыўся, і выйшла з яго ні богу свечка ні чорту качарга. Рэгістратар! А што цяперашнім часам рэгістратар? Адно глупства!

Янка. Так! Ваш рэгістратар быў вялікае нішто і застаўся вялікім нічым. Але выбачайце, цётачка! Пара нам і дамоў. Бывайце здаровы і шчаслівы!

Гануля (*адвітваючыся*). Дзе там тое шчасце пры маёй старасці?

Аленка. Як вам, цётачка, будзе надта маркотна, прыязджайце да нас на вёску, там сонца весялей свеціць, і людзі там лепшыя.

Гануля. Добра, дзеткі, прыеду да вас на вяселле.

Янка і Аленка выходзяць і спатыкаюць на парозе ў напаўбасяцкім абарваным адзенні Даму і Спраўніка, з якімі раскланьваюцца.

З'ява IV

Гануля, Дама, Спраўнік.

Дама (*вітаючыся з Гануляй*). Ах, мадам, да чаго мы дажыліся?!

Спраўнік. Да чаго дажыліся?!

Гануля. Так! Не важна, паночкі, як бачу, дажыліся: зусім скромна выглядаеце ў гэтым бядацкім адзенні.

Дама і Спраўнік. Занадта скромна!

Гануля. Што ж гэта вам так прыйшлося абяднець?

Дама. Ды не абяднець, мадам! Гэта мы так сабе... з прычыны перамены політычнай сытуацыі.

Спраўнік. Усё былое вялічча прыйшлося загнаць у казіны рог і дапасоўвацца да новага часу і новых людзей.

Г а н у л я . А я думала... што ж гэта я думала? Ага, што вы паехалі з тымі, як і з немцамі.
С п р а ў н і к . Пшэпустак усім не хапіла.
Д а м а . А я мела пшэпустку, але на адвітальным рауце неяк згубіла.
Г а н у л я . І прыйшлося вам застацца!
Д а м а і С п р а ў н і к . Прыйшлося застацца.
Г а н у л я . Бедныя ж вы! Мой Мікіта таксама застаўся. А той пан, што быў з вамі, — паехаў?
С п р а ў н і к . Яму хапіла пшэпусткі.
Д а м а . Ён не згубіў яе.
Г а н у л я . Паехаў, а вас пакінуў — не па-кампанейску ён зрабіў.
С п р а ў н і к . Але я надта не бядую. Кажуць, сам Брусілаў ідзе побач з нашымі новымі гаспадарамі, дык не павінен жа ён папусціць у крыўду такіх вэтэранаў старой гвардыі, як я.
Д а м а . А я маю ўсе даныя на дармовую соцыяльную апеку. Апрача таго, бацюшка, які з намі ў вас гасціў, абяцаў, калі што якое мяне прыцісне, дык зробіць протэкцыю ў Прэображэнскі жаночы манастыр.
Г а н у л я . Значыцца, бацюшка таксама не выехаў?
Д а м а . Не, не выехаў.
С п р а ў н і к . Толькі што пайшоў адбіраць у беларусаў ключы ад Юбілейнага дому.
Г а н у л я . І чаго бацюшка палез у гэтую палітыку? Пільнаваў бы лепей ключоў ад архірэйскага дому.

Уваходзіць М і к і т а — босы і без курткі, у руках кошык з пляшкамі і два рэвальверы.

З'ява V

Г а н у л я, Д а м а, С п р а ў н і к, М і к і т а.

Г а н у л я . А мой жа ты сыночак! Хто ж цябе гэта абалваніў?
Д а м а (*прыглядаючыся праз лёрнэтку на Мікіту*). У вас, мусе рэгістратар, фасон касцюму, як і ў мяне з іх родзіем, — а ля-ба-сяк.
М і к і т а (*стаўляючы кошык з пакупкамі і кладучы на стале рэвальверы, вітаючыся з гасцьмі*). Мэджду протчым, мадам-сіньёра, цалую ручкі! Іх родзію чэсць! Але, пардон, мадамы і мусі!

Выбачайце за мой нештодзенны выгляд. Мяне толькі што спаткала ў дарозе смешная прыгода. Калі бег я па гэтыя, меджду протчым, пакупкі, на Зыбіцкай вуліцы спаткалі мяне два, мабыць, апошнія ўцякаючыя паны, папрасілі мяне пастаяць, самі знялі куртачку, сказаўшы, што гэта з іхняга сукна, потым папрасілі пасядзець і таксама самі знялі боты, сказаўшы, што гэта з іхняй скуры.

Дама. А далей?

Мікіта. А далей таксама хацелі тое-сёе, меджду протчым, знімаць, але пачалі падыходзіць людзі, дык падзякавалі і пайшлі.

Дама. Ах, якія ж усё-такі яны джэнтльмэны! Нават падзякавалі.

Спраўнік. О, так, так! Пазнаць адразу пана па халявах.

Гануля. А грошы не адабралі?

Мікіта. Меджду протчым, мамаша, не адабралі: бачыце, пакупкі прынёс. Гляньце!

Гануля (*зірнуўшы ў кошык*). А маточкі ж мае! Гэта ж гарэлка!..

Мікіта. Але, меджду протчым, мамаша, — гарэлка. Бо гэта будзе самая цяпер даходная стацця. Новая ўлада гарэлку забараняе, а што забаронена, тое смачна і дорага каштуе.

Гануля (*паказваючы на рэвальверы*). А гэты качарэжкі на якое безгалоўе?

Мікіта. Гэта таксама даходная стацця, прытым яны мне нічога не каштуюць: па дарозе адзін мой знаёмы пёрся з імі недзе ў чыстае поле і са страху сунуў іх мне, меджду протчым, дарма.

Гануля. Гарэлка... пісталеты... зусім не сэзонны тавар у гэты час.

Мікіта. Меджду протчым, мамаша, пакіньце гэту справу на маю галаву, глядзеце вось лепей, ці не снуе хто няпэўны каля вакон. (*Вымае з кошыка, то стаўляе назад бутэлькі.*)

Гануля (*углядаючыся ў вакно, пасля паўзы*). Здаецца, ужо пачынаецца.

Мікіта (*устрывожаны*). Што пачынаецца?

Гануля. Чагосьці прэцца сюды мамзэль Наста.

Мікіта. Так бы адразу, меджду протчым, і сказалі, а то толькі пужаеце...

Убягае, засопшыся, Наста.

З'ява VI

Гануля, Мікіта, Дама, Спраўнік, Наста.

Наста (*вітаючыся*). Дзень добры! Дзень добры! Як маецеся? Смутную вам прыношу навіну. З пэўных крыніц я напэўна даведалася, што йдуць да вас трэсці.
Мікіта. Што вы кажаце, мамзэль Наста: трэсці?
Гануля. Во няшчасце на нашу хату.
Мікіта і Гануля (*разам*). Што рабіць? Што тут рабіць? Райце, мамзэль Наста!
Наста. Вывешвайце хутчэй праз вакно чырвоны сцяг. У падобных несамавітых сытуацыях такое вывешванне часам памагае. Хутчэй вывешвайце! А я пабягу. Мушу яшчэ дапасці там-сям — у пэўныя крыніцы. (*Выйшла.*)

Мікіта чапляе чырвоную хустачку на канец парасона і вывешвае праз ваконную фортачку.

З'ява VII

Гануля, Мікіта, Дама, Спраўнік.

Гануля (*ломячы рукі*). Што тут рабіць? Што тут рабіць?
Мікіта. Меджду протчым, мамаша, не круцецеся без толку па хаце, а лепей глядзеце ў вакно, ці не йдуць ужо.
Гануля (*гледзячы ў вакно*). Нікога не відаць, толькі мамзэль Наста панеслася, як вецер.
Мікіта (*перастаўляючы то туды, то сюды кошык з пляшкамі*). Лепей углядайцеся.
Гануля. Ідуць, ідуць! Не! Міма прайшлі.
Мікіта. Папрабуйце праз другое вакно, меджду протчым, мамаша.
Гануля (*гледзячы ў другое вакно*). Ідуць, ідуць, мой сынок, ідуць!
Мікіта. Можа, йзноў міма, меджду протчым.
Гануля. Не, здаецца. Пачакай. (*Прыглядаецца на браму.*) А мамачкі ж мае. Завярнуліся сюды да нас. (*Пакінуўшы вакно.*) Куды ж тут цяпер падзецца?!
Мікіта. Вось неспадзяваная неспадзеўка! Ой! Ой!

Меджду протчым, мамаша, не ламеце рук, а бярэцеся хутчэй за работу. Адварачывайце назад абразы, а я пакупкі буду парадкаваць.

Гануля адварачвае абразы. Мікіта хапае то за кошык, то за рэвальверы, не ведаючы, што куды падзець. Стук у дзверы.

Оей! Оей! Ужо ломяцца. Меджду протчым, мадам-сіньёра і вашародзіе, сядзеце або стойце спакойна: вы мае госці і вам волас з галавы не спадзе.

Мацнейшы стук у дзверы.

Оей! Оей! Куды тут што падзець? (*Совае рэвальверы асадкамі ў адну і другую руку Даме.*) Меджду протчым, мадам-сіньёра, патрымайце пісталеты. Я растыцкаю куды-небудзь пляшкі. (*Хапаецца зноў за бутэлькі. Трэск ламаных дзвярэй.*) Меджду протчым, мамаша, кіньце абразы і прыце хутчэй па портфэлі, што летась схавалі.

Гануля выбягае і пасля па аднаму зносіць партфелі. Мікіта хапае ў Дамы рэвальверы ў абедзве рукі за рулькі, секунду-другую бегае па хаце, пасля меціцца бегчы з настаўленымі рэвальверамі ў дзверы, але ўваходзяць і спатыкаюцца з ім на парозе: Н а ч а л ь н і к   п а т р у л я,   Д в у х   п а т р у л ь н ы х,   Г р а м а д з я н і н, у якога вызарана кусок барады, і С п і ч ы н і.

З'ява VIII

Тыя ж, Н а ч а л ь н і к   п а т р у л я,   Д в у х   п а т р у л ь н ы х,   Г р а м а д з я н і н,   С п і ч ы н і.

Н а ч а л ь н і к   п а т р у л я (*спаткаўшы на парозе Мікіту з выстаўленымі рэвальверамі*). Стаць! Ні з месца! Рукі ўверх!

Мікіта, адступіўшы колькі крокаў назад, выцягвае ўверх рукі.

Гэта што ў вас у руках?
М і к і т а (*то апускаючы, то падымаючы па чарзе рукі і згодна з гэтым паварачваючы то ўправа, то ўлева галавой*). Гэта... Гэта... ваша

чырвонае благародзіе... гэта... як яно... качарэжкі! даліпан, качарэжкі!

Начальнік патруля. Качарэжкі! Ну, палажэце іх на стол. (*Мікіта кладзе. Начальнік, прыгледзеўшыся да Мікіты.*) Але мы, здаецца, з вамі знаёмы?

Мікіта (*падазрона ўзіраючыся на Начальніка*). Калі вашай чырвонай міласці падабаецца, то мы знаёмы; самдзеле знаёмы. Я надта рад з гэткага, меджду протчым, першага знаёмства.

Начальнік. Помніце, як летась вялі мяне ў палон, а я ад вас спрытна ўцёк.

Мікіта. А як жа, помню, меджду протчым, помню! Хто ад каго не ўцякае? І вы, ваша таварыскае родзіе, уцяклі, меджду протчым.

Начальнік. Ваша фамілія?

Мікіта. Колежскі рэгістратар Нікіці Зносілов, меджду протчым.

Начальнік. Скажэце мне: вы ўчора грабілі кватэру грамадзяніна Боршчыка на Архірэйскім завулку?

Мікіта. Нічога падобнага, мусе таварыш. Я не грабіў, — мяне, меджду протчым, грабілі — фрэнчык формельны, боты жоўценькія знялі...

Начальнік. Не загаварывайце зубоў, а кажэце праўду.

Мікіта. Праўду кажу, ваша чырвонасць, — даліпан, я не грабіў, меджду протчым.

Спічыні. Пазвольце вам, грамадзянін рэгістратар, не паверыць: я сам, стоячы на сквэры, каля вадакачкі, бачыў, як вы з іншымі цягалі рухомую маемасць з кватэры таварыша Боршчыка.

Мікіта. Э! так бы і сказалі, гэр Спічыні, што я цягаў. Але я не грабіў. Усяго таго было, што я па загаду свайго, меджду протчым, начальніка насіў гэтыя рэчы яму ў гасцініцу «Парыж».

Спічыні. Паложым, гэта таксама грабёж.

Начальнік. І што далей было?

Мікіта. Нічога. Там у нумары, куды я зносіў рэчы, сядзелі нейкія маладыя, меджду протчым, мусі ў форме і нейкія маладыя, меджду протчым, мамзэлі без формы ды выпівалі пазнанскі лікер.

Начальнік. І вы тых рэчаў к сабе ў хату не цягалі?

Мікіта. Ані падвязачкі не прыцягнуў! Ага! Маю нават сведку. Мамзэль Наста была ў тэй самай кампаніі, дзе выпівалі, і бачыла, што я начальнікавы рэчы ўсе там складаў.

Начальнік. Мы ўсё-такі маленькія агледзіны зробім

вашых рэчаў, каб часам памылкова не запуталіся між імі і чужыя. (*Робяць збольшага рэвізію. Начальнік знаходзіць кошык з бутэлькамі.*) А гэта не награбленая гарэлка?
М і к і т а (*набок*). Оеей! Оеей! зусім прапаў і з косточкамі нават. (*Да Начальніка.*) Гэта... гэта не гарэлка, а, меджду протчым, лікер пазнанскі, ваша таварыскасць. На гандаль купіў, на свабодны гандаль, меджду протчым.
Н а ч а л ь н і к. Добры гандаль! (*Падымаючы вядро з патакай.*) А гэты мёд таксама на гандаль?
М і к і т а. Гэта не мёд, меджду протчым, і не на гандаль, а патака, якую сам з мамашай буду есці.
Н а ч а л ь н і к. Награбленая?
М і к і т а. Меджду протчым... меджду протчым, так сабе ўзятая з агульнадаступных грамадзянскіх складаў, зусім так сабе.
Н а ч а л ь н і к. Добрае так сабе... Вашы дакумэнты!
М і к і т а. Якія — старыя ці новыя? старыя во дзе — у гэтых портфэльчыках. (*Паказвае на прынесеныя к таму часу Ганулляй партфелі.*)
Н а ч а л ь н і к. Старыя потым раскумекаем — давайце новыя.
М і к і т а (*пакапаўшыся ў кішэнях і за пазухай, набок*). Оей! Оей! Польскі дакумэнт трэба паказваць. Каб я лепей скрозь дна праваліўся. (*Дастаўшы дакумент з-за пазухі, да Начальніка.*) Во ён гэты, меджду протчым, дакумэнт. (*Набок.*) Каб яго калядны пярун спаліў!
Н а ч а л ь н і к (*разглядаючы дакумент*). Польскі?
М і к і т а. Зусім польскі і з усіх бакоў польскі. (*Набок.*) Каб яго за Буг вынесла, меджду протчым.
Н а ч а л ь н і к. Хто можа прачытаць?
С п і ч ы н і. Пазвольце, таварыш, я прачытаю. (*Чытае.*) «Оказіцель нінейшэго Нікіціуш Зносілоўскі служы пшы Комісарыяце поліцыі мяста Мінска, яко доносіцель».
М і к і т а. «Яко рознасіцель», Гэнрых Мотавіч!
С п і ч ы н і. Паложым, не «яко рознасіцель», а «яко доносіцель», — чорнае на белым стаіць.
Н а ч а л ь н і к. Ператалмачце дакумэнт.
С п і ч ы н і. «Паказчык гэтага, Нікіцій Зносілов, служыць у Менскім Камісарыяце поліцыі даношчыкам».
М і к і т а. «Разношчыкам», Гэнрых Мотавіч!
С п і ч ы н і. Не «разношчыкам», а «даношчыкам», — чорнае па беламу стаіць, грамадзянін Зносілов.

Мікіта. Вы, мусьце профэсар, кепска прачыталі і кепска ператлумачылі.

Спічыні. Паложым, я ніколі кепска не чытаю і кепска не тлумачу, глядзеце самі, грамадзянін рэгістратар!

Мікіта (*чытаючы*). До... до... до... доносіцелем. Оей! Оей! Як жа гэта выйшла? я сам пісаў, сам рукою ўласнай пісаў, а начальства подпісь дало і не прачытала, мабыць, Гэнрых Мотавіч! Як жа гэта вы мяне вучылі, меджду протчым?

Спічыні. Паложым, пры чым тут мая навука, калі вы самі пераблуталі «до» з «роз'ам». А можа, вы й не пераблуталі?

Мікіта. Увесь Менск ведае, што я служыў разношчыкам, а не даношчыкам.

Начальнік. Ну, досыць! Пасля разбяром! (*Да Мікіты.*) Хто тут з вамі яшчэ знаходзіцца?

Мікіта (*паказваючы*). Гэта, меджду протчым, мая мамаша, а гэта і гэна, як іх? — мае госці.

Начальнік (*да Спраўніка і Дамы*). Вашы дакумэнты. (*Прыгледзеўшыся.*) І вы, здаецца, мае старыя знаёмыя? Во цёплая кампанія.

Дама і Спраўнік кланяюцца і аддаюць свае дакуманты.

(*Начальнік да Спічыні.*) Прачытайце.

Спічыні. У гэтым напісана: «рэвіровы сюдмэго рэвіру мяста Мінска».

Начальнік. Што гэта знача?

Спраўнік. «Акалодачны надзірацель сёмай часці места Менску», гаспадзін таварыш.

Начальнік (*да Патрульнага*). Зрабеце рэвізію кішэняў гэтага грамадзяніна.

Патрульны робіць рэвізію, знаходзіць у кішэнях Спраўніка пагоны і падае іх Начальніку.

Начальнік (*круцячы пагоны ў руках, да Спраўніка.*) Што гэта?

Спраўнік. Спраўніцкія пагоны, гаспадзін таварыш: памятка былога вялічча.

Начальнік (*палажыўшы пагоны на стол, да Спічыні*). Чытайце другі дакумэнт.

Спічыні (*чытае*). «Баронэса Шпацэрзон, ганаровы член

Менскай дабрачыннасці».

Начальнік. Шпацэрзон... Шпацэрзон... Ну, усё роўна, — пойдзе і яна. А цяпер, калі рэвізія скончана, прашу ўсіх ісці са мной. (*Да Ганулі.*) Вы, цётка, застаіцёся хаты пільнаваць.

Мікіта. Оей! Оей! Што, і мне йсці, мусьце таварыш?

Начальнік. А вы думалі як?

Мікіта. Оей! Оей! Пакіньце мяне. Нашто я вам, меджду протчым, патрэбен? Вось у гэтых портфэлях зусім што іншае аба мне сказана. Зірнеце ў гэтыя паперы, ваша таварыскасць. Як прачытаеце, то ўсё роўна не заберыцё мяне, меджду протчым.

Начальнік. Усё роўна не магу йначай. Гэтыя пісталеты, награбленая гарэлка, патака, цяганне чужых рэчаў, служба даношчыкам, усё гэта таксама для нас добрыя паперы, хоць для вас, можа, і дрэнныя паперы.

Мікіта. Дык пакажэце мне, меджду протчым, ваша чырвонае благародзіе, чэк на мой арышт.

Начальнік. Чэк атрымаеце. як прыйдзеце на месца. Ідзем! Прашу забіраць «вешчэственныя даказацельства». (*Начальнік забірае рэвальверы, адзін партфель і пагоны. Даме, Спраўніку, Спічыні і Грамадзяніну дае несці па пары бутэлек, Мікіту — патаку. Двум патрульным — па партфелю.*) А цяпер — марш за мной!

Мікіта. Оей! Оей! Ваша таварыская міласць! Пакіньце мяне з мамашай. Меджду протчым, пайду памагаць вам забіраць Варшаву, толькі не забірайце мяне!

Гануля. Мае паночкі, мае галубочкі! Хаця не змікіцьце майго Мікіткі. Хаця не змікіцьце! (*Апускаецца з ціхім плачам на спакаваныя манаткі.*)

Усе, апрача яе, выходзяць. Пры апошніх Гануліных словах разлягаецца за вокнамі на вуліцы харавая песня.
Ой ты, яблочко,
Куда коцішся?
Не туды попадзёш —
Не вароцішся...
Пасля паўмінутнай паўзы, пад несціхаючыя гукі песні, паволі апускаецца

З а с л о н а

Also available from JiaHu Books:

Русланъ и Людмила — А. С. Пушкин - 9781909669000

Евгеній Онѣгинъ — А. С. Пушкин — 9781909669017

Анна Каренина — Л. Н. Толстой - 9781909669154

Чорна рада — Пантелеймон Куліш - 9781909669529

Мать — Максим Горький — 9781909669628

Рассказ о семи повешенных и другие повести — Л. Н. Андреев — 9781909669659

Леди Макбет Мценского уезда и Запечатленный ангел - Н. С. Лесков - 9781909669666

Очарованный странник — Н. С. Лесков — 9781909669727

Некуда — Н. С. Лесков -9781909669673

Мы - Евгений Замятин- 9781909669758

Санин — М. П. Арцыбашев - 9781909669949

Евгений Онегин (Либретто) — 9781909669741

Пиковая Дама (Либретто) — 9781909669376

Борис Годунов (Либретто) — 97819090669376

Hiša Marije Pomočnice – 9781909669314

Горски Вијенац – 9781909669567

Quo Vaids? - Henryk Sienkiewicz - 9781909669413

Ludzie bezdomni - Stefan Żeromski – 9781909669406

Pan Tadeusz – Adam Mickiewicz - 9781909669512

www.ingramcontent.com/pod-product-compliance
Lightning Source LLC
Chambersburg PA
CBHW031401040426
42444CB00005B/369